大胆行动

勇敢是可以练习的

姚思齐◎著

北京时代华文书局

图书在版编目（CIP）数据

大胆行动 : 勇敢是可以练习的 / 姚思齐著. 北京 : 北京时代华文书局, 2025.7. -- ISBN 978-7-5699-6120-1

Ⅰ. C912.11-49

中国国家版本馆 CIP 数据核字第 2025G7S937 号

DADAN XINGDONG : YONGGAN SHI KEYI LIANXI DE

出 版 人：陈　涛
责任编辑：邢秋玥
责任校对：初海龙
装帧设计：仙境设计
责任印制：刘　银

出版发行：北京时代华文书局 http://www.bjsdsj.com.cn
北京市东城区安定门外大街 138 号皇城国际大厦 A 座 8 层
邮编：100011　电话：010 - 64263661　64261528

印　　刷：三河市京兰印务有限公司
开　　本：710 mm×1000 mm　1/16　　成品尺寸：160 mm×230 mm
印　　张：10　　字　　数：134 千字
版　　次：2025 年 7 月第 1 版　　印　　次：2025 年 7 月第 1 次印刷
定　　价：39.80 元

前言

与其临渊羡鱼，不如退而结网

或许大家都曾思考过这个问题：如何才能功成名就、积累丰厚财富？每个人心中都有不同的答案，尽管答案各不相同，但其中仍存在一些共性。例如，树立远大志向，秉持持之以恒的精神，拥有坚韧不拔的意志，无惧挫折、不畏失败，专注于一件事等。这些都是成功的必备要素，道理大家都心知肚明。

然而，成功者却寥寥无几。究竟是智商存在差距，还是努力程度不够呢？其实，人与人之间的智商差异并不明显，生活中也有很多努力的人，起早贪黑地为生活奔波。社会上并不缺少深谙成功道理的人，也不缺少努力奋斗的人，但成功依旧属于少部分人，原因在于很多人虽然有想法，却仅仅停留在脑海中，并未付诸实践。

以我从事的律师行业为例，律师大致分为两类。一类是独立执业律师，自主承接业务，自负盈亏；另一类在业务繁忙的律师团队中工作，按月领取薪资。独立执业律师有机会因大案声名鹊起、财富骤增，但也可能因无业务而生活窘迫；领取固定工资的律师虽难以大富大贵，却有稳定可观的收入。经观察发现，选择独立执业的律师，初期可能案源匮乏，但几年后，专业能力往往会大幅提升，表现出色。领取固定工资的律师中不乏名校毕业、工作认真之人，他们未迈出独立执业这一步，只是因为害怕失败。随着时间的推移，这种选择差异形成了明显的分水岭，导致两者发展轨迹和成就各有不同。实际上，人与人在智商、努力程度和坚韧程度上差异不大，很多时候只是缺少那一份勇气，却造成了巨大的人生差距。

这种现象并非仅存在于律师行业。元末明初朱元璋打天下时，身边涌现出徐达、常遇春等猛将，李善长、刘伯温等名臣。他们中很多人与朱元璋来自同一地区，甚至同一村落。难道那个地方的人都格外聪慧吗？并非如此，只是他们在那个时代、那个时期采取了行动，所以取得了成功。如今，很多成功企业家的团队成员来自同一乡镇，甚至同一家族，难道也是这个乡镇的人都天赋异禀吗？当然不是。只因他们抓住了某次机遇，并将想法付诸行动，取得了斐然的成绩。其他地方同样有优秀人才，若将他们置于相同的环境和位置，也能有所成就，只是他们未曾付诸行动而已。

这就是大胆行动的力量，它能让很多事情事半功倍。本书旨在告诉读者：不要轻易扼杀脑海中的各种想法，努力尝试将它们付诸实践。思维缜密彰显谋略，大胆行动展现勇气。一个人若想成就一番事业，归根结底就是四个字：有勇有谋。因此，勇敢地采取行动吧！与其临渊羡鱼，不如退而结网。

目录

CONTENTS

第一部分　大胆行动，释放自己的潜能

第二部分　如何大胆行动

第三部分 工作中大胆出击，“冲”就对了

第四部分 大胆交朋友，“主动”就是了

第五部分 感情中大胆行动，从“心”就对了

第六部分 成长之路大胆往前走，坚持就够了

第七部分 如何克服羞涩，锻造勇敢心态

第一部分

大胆行动，释放自己的潜能

不大胆拼一把，你都不知道自己有多优秀

读者或许会认为这是老生常谈的话题，因为很多励志书籍都爱用这类话语。那么在探讨这个话题之前，我们不妨先了解一个有趣的知识：人类究竟是如何登上食物链顶端的？很多人可能不假思索地回答——凭借超凡的智力。然而，鲜为人知的是，在人类智力尚未高度发达之前，我们就已经是一个相当强大的种群，而这主要得益于我们的体力。

提及"体力"，读者或许会感到诧异，毕竟在现代生活中，由于长期缺乏运动，很多人爬几层楼梯都会气喘吁吁，身体显得十分脆弱。如果与狮子、老虎、豹子这些猛兽相比，现代人的体力似乎完全无法相提并论，很难想象人类依靠体力去猎捕猎物、抢夺食物。然而，我们的祖先却做到了这一点。人类的身体没有浓密的毛发覆盖，这极利于散热，使得我们的祖先能够在陆地上长时间奔跑。我们的核心竞争力并不在于爆发力，而在于惊人的耐力。许多奔跑速度极快的动物，虽然爆发力很强，但只能进行短时间的冲刺，随后就需要长时间休息。相比之下，我们的祖先则无须为此担忧。

科学研究表明，在进化过程中，人类头部的部分肌肉变得更加适合奔

跑；脚踝等部位也在不断进化，为长距离奔跑提供了有力支撑。这些身体结构的进化，都是我们曾经拥有强大体力的有力证明。即便人类时至今日大多依赖工具生活，这些能力依然潜藏在体内。我们看似柔弱的身体，实则蕴含着巨大的能量。就像家猪被放归野外后，会逐渐长出獠牙，毛发变黑，重新展现出野猪的特征；狗在野外生活一段时间后，也会显露出类似狼的野性。人类同样如此，通过锻炼，我们就能够重新激活那些深藏于基因中的原始能力。

在现代社会，读者会发现，无论是大脑还是身体，我们都越用越灵活。一部分人形象思维能力会不断提高；另一部分人则在逻辑思维方面表现出色。同样，在工作中，当我们持续锻炼与工作相关的技能时，大脑会不断自我优化，让我们越来越适应工作的需求，从而变得更加优秀。

其实，我们远比自己想象的要强大，但在安逸的生活中，我们常常忘记自身拥有这种潜藏的能力。因此，我们一定要在心底反复种下强大的种子，不断暗示自己：我拥有无限的潜力，我的能力远超想象。当察觉到自己的记忆力有所退化时，不要放任自流，而应主动进行记忆训练。例如，背诵古诗、记忆单词，或是进行数字记忆挑战，经过刻意练习，重新唤醒大脑的活力。如果感觉思维变得迟钝，就找一些逻辑推理题、创意写作任务来锻炼思维，让大脑重新高速运转起来。

“一心朝着自己目标前进的人，整个世界都会为他让路。”这句话深刻地揭示了信念的力量。因此，在做任何事情之前，我们都不要被外界的质疑和内心的恐惧束缚，坚定地告诉自己：我能行！

机会不等人，大胆抓住，命运就改变了

在生活中，“普信”这个词大家应该不陌生，它常被用来嘲讽那些自身条件普通却过度自信，甚至有些狂妄自大的人。听上去似乎带有贬义，但今天，我想带领读者换个角度重新认识它。

在这里，我先向大家提出三个问题，看看大家的答案与我的答案是否一致。

第一个问题：在我们的生活中，是不是存在一些社会地位更高、财富更多，在世俗意义上比我们更成功的人？答案是肯定的。

第二个问题：在这些成功人士中，有没有综合能力不如我们的人呢？相信很多人都会点头。在生活中，我们常常感到不甘，认为自己明明比身边某些人优秀，可对方却在社会地位等方面远超自己。甚至会忍不住问自己：我到底输在了哪里？

第三个问题：在那些世俗意义上不如我们成功的人群中，有没有比我们更优秀的人？答案同样是肯定的。我们都很清楚，这世上有太多的人怀才不遇。

通过上述问题我们可以看出，成功与否并不能完全等同于能力的高

低，它甚至说明不了什么实质性的问题。既然如此，我们为什么不能作为普通人且充满自信呢？

若我们深入分析，就会引出另一些问题：为什么这个世界上，综合能力强的人不一定能获得更大的成功？能力和成功之间为何不是简单的正比关系？这难道不是非常不公平吗？很多人会说，这与家境、机遇、努力程度、选择、人脉等因素有关；也有人会说，这与是否有贵人相助有关。确实，正是天时、地利、人和等多方面因素的共同作用，使得具备同样能力的人，有的飞黄腾达，有的却表现平平。

同样水平的人，只因选择不同、机遇不同，以及是否能抓住机会，命运就产生了巨大的差异。有些人天资和能力与他人相差无几，但当机会来临时，他们能够敏锐捕捉并迅速行动；而有的人却瞻前顾后，最终错失良机，与成功擦肩而过。这样的例子在生活中随处可见。这就是大胆行动的力量：看见机会，就要果断抓住，这是成功必备的素质。

那么读者可能会问：我们到底该如何在自己的行业里判断一个事物是否蕴藏着机会呢？下面给大家分享几个具有实操性的方法。

一、深入研究行业动态

养成定期阅读行业权威报告的习惯，如艾瑞咨询、麦肯锡等机构发布的行业深度报告。这些报告能帮助我们全面了解行业的整体发展形势。同时，积极参加线上、线下的行业峰会，这些峰会通常会邀请行业内的领军人物分享前沿技术和行业未来的发展趋势。此外，关注几个行业内的知名媒体账号，如科技行业的 36 氪、金融行业的财新网等，以便实时获取行业最新消息。通过这些途径，我们能敏锐地洞察到行业的发展方向。如果某个新兴领域或技术被频繁提及，且有政策支持、资本涌入，那么这可能就是一次难得的机会。

二、精准调研市场需求

利用诸如问卷星一类的调查工具，针对目标客户群体设计详细的调查问卷，了解他们在产品或服务使用过程中遇到的痛点或未被满足的需求。同时，在线上论坛、互联网群组中搜索与行业相关的热门话题，了解用户集中讨论的内容。例如，在母婴用品行业，通过调研发现，在给宝宝挑选合适的辅食时，新手妈妈们非常苦恼，她们既担心辅食营养不均衡，又担心食品安全问题。若我们能抓住机遇研发出若干营养全面、品质可靠的辅食产品，就很可能赢得更多的市场份额。

三、全面评估自身优势

拿出一张纸列出自己的专业技能、兴趣爱好以及人脉资源等，全面评估自身的优势。例如，如果我们擅长文案写作，对美妆行业充满兴趣，并且在美妆领域有一些业内朋友，那么美妆行业的内容营销、品牌推广等岗位就非常适合我们。再比如，如果我们精通编程，对人工智能领域充满热情，并且加入了相关的技术交流群组，那么互联网行业中与人工智能相关的项目开发、算法优化等工作就可能是我们的良机。

四、勇敢进行小范围尝试

在风险可控的前提下，无须畏惧失败，要大胆尝试新的业务模式或技术应用。例如，如果我们是一名传统实体店老板，在关注到电商发展的如火如荼时，可以先在微信小程序上搭建一个简单的线上店铺，尝试进行小范围的产品销售和推广尝试，投入少量的资金和时间，观察市场反馈。如果效果不错，再逐步加大投入，拓展业务。拼多多刚推出的时候，很多人并不看好这种社交电商模式，但一些敢于尝试的商家抓住了机会，从而实现了业务的快速增长。

综上所述，机会稍纵即逝，只有敏锐地识别并大胆抓住机会，我们的命运才有可能被改写。

大胆行动，专治各种“精神内耗”

在当今社会，“内耗”这个词语，不仅常见于社交媒体，也频繁出现在人们日常的交谈中，似乎已成为现代人共同面临的挑战。所谓“内耗”，是指个体因过度思考、犹豫不决、自我怀疑等心理活动，无意识或有意识地消耗了大量的精力和时间，最终导致效率低下、情绪低落，甚至身心俱疲。

曾经有一段时间，小姜发现自己陷入了一种奇怪的循环：一方面，他不断地告诉自己要更加努力，追求更好的职业发展；另一方面，在实际行动中，他却表现出极低的工作效率和学习效率。这种状态让小姜感到异常痛苦，仿佛他所有的精力都被消耗在了对未来的焦虑和自我施压上，而不是真正去解决问题或推动进步。

小姜总是提醒自己，这个世界很残酷，机会稍纵即逝，因此必须拼命才能有所成就。为此，他给自己制订了无数个详细的计划，似乎只要按照计划行事，他就一定能实现目标。然而，每当真正面对任务时，小姜却发现自己难以着手，即便开始执行，也难以保持专注。结果，他不仅没有取得预期的进步，反而因为未能达成目标，陷入了更深的自我怀疑中，这种感觉让他痛苦不已。

这就是精神内耗。它意味着我们将大量的心理资源用在了无谓的情绪斗争上，如担心失败、害怕自己不够好，或是对自己不满，而不是将自身能量投入到实际问题的解决中。长此以往，不仅个人成长会受到阻碍，生活质量也会大打折扣。

而另外一种现象是：即便你什么也不做，精神内耗同样会让你感到痛苦；即便实现了自己的目标，达到了预期的结果，你可能仍然会感到一种难以言喻的空虚。哪怕你通过自己的努力过上了梦寐以求的生活，内心的那份焦虑和不安也未必会消散。你可能依然要面对无休止的精神内耗。

那么，内耗现象背后的根源究竟是什么呢？

在物理学中，有一个概念叫作“熵”。简而言之，“熵”指的是系统混乱程度，我们也可以这样理解：所有事物都会自发地从有序状态转变为无序状态。例如，房间如果不打扫，就会变得越来越乱；同样，我们的身体细胞也会随着年龄的增长或疾病的发生而逐渐失去原有的秩序。

在心理层面，我们也能看到类似的现象。当我们的思绪变得混乱时，脑海里就会充满了各种各样的想法，导致我们不知道该先处理哪一个。这种精神上的混乱，就像心里缠绕着一团乱麻，找不到解开的头绪，这就是所谓的“精神熵”。精神熵意味着我们的内心世界充满了不确定性和矛盾，过多的思绪和未解决的问题堆积如山，使得我们的心灵变得杂乱无序。事实上，这种状态正是我们想得太多、行动得太少所导致的。

当人们陷入精神内耗的泥潭时，往往是因为他们花费了过多的时间去反思过去、担忧未来以及反复权衡各种选择，而不是采取切实有效的行动去改变现状。这种思维模式不仅阻碍了个人的成长和发展，还可能引发严重的心理健康问题，如抑郁症和焦虑症。因此，想要摆脱这样的恶性循环，关键在于大胆地采取行动。

一、行动能转移注意力

在生活中，我们常常会陷入对过往的追悔或对未来的迷茫之中，这种状态容易导致心态混乱，情绪烦闷。然而，当我们将注意力从这些无形的思绪中转移到具体的行动上时，情况就会发生显著的改变。

行动要求我们全身心地投入当下，将思维聚焦在如何完成任务、达成目标上。这不仅使我们无暇顾及那些只会带来困扰和焦虑的负面消耗，同时也让我们的思绪从混乱变得有序。这种注意力的转移，能够让我们的内心从混乱的内耗状态逐渐走向平静与专注，以更加积极、健康的心态去面对生活中的各种挑战。

二、行动创造现实成果

行动的力量不仅在于转移注意力，更在于它能够创造出实实在在的成果，这些成果对于打破持续性内耗起着极为关键的作用。以坚持健身为例，当我们看到自己的身体因健身行动而发生积极的转变时，内心会自然而然地产生一种成就感和自我效能感。我们会意识到自己有能力去改变现状、达成目标，从而减少对自身能力的无端怀疑与担忧。这种积极的心理状态会进一步激励我们继续进行健身活动，形成一个良性循环。相反，如果只是在内耗中一味地担忧自己的身体状况，害怕生病，或者对自己的身材不满意，却不付诸行动，那么这种消极的状态只会不断加重，身体更不会有任何积极的改变，自我怀疑和焦虑也会持续困扰着我们。因此，行动所创造的现实成果就像一束光，照进内耗的黑暗之中，给予我们信心和动力，帮助我们逐步摆脱内耗的困境。

三、行动促进经验积累

行动是我们积累经验的重要途径，而丰富的经验则是我们克服内耗、从容面对生活的有力武器。在任何行动过程中，无论是成功还是失败，都会给我们留下宝贵的经验或教训。以创业为例，创业者成功或失败的经验会让他们在面对未来的挑战时更加从容不迫。他们不再轻易因为对未知的恐惧而陷入内耗，因为他们知道，无论遇到何种情况，自己都有一定的经验可以借鉴，有能力去应对和解决问题。这种经验的积累，就像是为我们的人生旅程打造了一个丰富的工具箱。当内耗的情绪试图干扰我们时，我们可以凭借这个工具箱中的工具，迅速调整心态，采取积极有效的行动，继续向着目标前进。

因此，行动本身具有强大的治愈力量。当我们勇敢地迈出第一步，并持续不断地前进时，就会发现自己正逐渐从负面情绪中解脱出来。每一次实践都是对自我的肯定与验证，它让我们更加清晰地认识到自己真正想要的是什么，同时也积累了宝贵的经验。更重要的是，通过不断地尝试与探索，我们能够建立起积极正面的心态，降低精神熵，减少不必要的内耗。

别让你的努力和天赋，败于瞻前顾后和故步自封

林宇是一名广告策划人，他才华横溢，对市场趋势有着敏锐的洞察力，撰写的文案常常令人拍案叫绝，同事们都对他的创意天赋赞不绝口。在工作中，林宇也是出了名的努力，经常主动加班，为了一个策划方案反复打磨，不放过任何一个细节。

一次，公司创建了一个与国际知名品牌合作的项目。这个项目难度虽高，可一旦成功，不仅能给公司带来巨大的收益，对项目执行人的职业发展也有着不可估量的价值。林宇凭借出色的能力成为项目负责人的有力竞争者。然而，在得知这个项目需要与国外团队紧密协作，且要在短时间内完成大量复杂的工作时，他开始犹豫了。他担心自己的英语沟通能力不足以胜任，害怕项目失败会影响自己在公司的声誉，还忧虑工作强度太大，自己的身体可能无法承受。

就在他瞻前顾后、犹豫不决的这段时间里，另一位同事主动请缨，抓住了这个难得的机会。最终，这位同事成功完成了项目，在公司里声名鹊起，而林宇只能眼睁睁地看着别人走向成功。此后，类似的机会又出现过几次，但林宇始终没能克服内心的恐惧和担忧，一次次地与它们擦肩而过。多年过去，

他依旧在原来的岗位上停滞不前，他的才华逐渐被埋没，只能时常感叹命运不公。

林宇的故事并非个例。在生活中，有很多像他这样既有天赋又努力的人，却因为瞻前顾后和故步自封，让成功的机会轻易溜走。而大胆行动，是开启成功之门的钥匙。

一、大胆行动是突破自我局限的关键力量

每个人都有自己的舒适区，在舒适区内，我们熟悉环境与任务，安全感十足，但成长也极为有限。大胆行动意味着主动走出舒适区，去接触新事物、学习新技能、应对新挑战。在这个过程中，我们会不断挖掘自己的潜力，拓展能力边界。例如，当我们尝试学习一门全新的语言时，需要克服发音、语法等诸多困难。而随着学习的深入，我们不仅掌握了一种交流工具，思维方式也会发生改变，认知能力得以提升，从而为个人成长注入新的活力。

二、大胆行动是积累优质资源的有效途径

在社会活动中，资源往往倾向于那些积极主动、勇于行动的人。当我们大胆行动时，我们会吸引更多人的关注与支持。行动代表着一种积极的态度和强大的执行力，能够让他人看到我们的决心与潜力，从而愿意为我们提供机会、知识、人脉等资源。以创业为例，创业者大胆地向投资人阐述自己的商业理念与计划，如果投资人认可其价值，便会投入资金助力项目发展；同时，创业者在行动中展现出的专业能力与拼搏精神，也会吸引优秀人才加入团队，并汇聚资源，推动事业发展。

三、大胆行动是实现人生价值的重要契机

机遇总是稍纵即逝，只有大胆行动的人才能敏锐地捕捉到它。在人生的道路上，我们会面临各种选择与可能性，每一次大胆行动都是对机遇的一次把握。当我们面对一个有风险但充满潜力的机会时，如果因害怕失败而退缩，那么永远无法验证其背后隐藏的巨大价值。相反，勇敢迈出第一步，即便可能遭遇失败，但也获得了成功的可能性。一旦抓住这次机遇，就可能实现人生的重大突破，让自己的才华与努力得到充分展现，创造出更大的人生价值。

不过，大胆行动并不意味着盲目行动，它需要胆大心细，讲究策略。在行动之前，我们要做好充分的准备，进行深入的调研和分析。例如，在投资股票时，我们不能仅凭一时冲动就盲目买入，而是要对市场行情、公司基本面等进行全面研究，并制订合理的投资计划。同时，在行动过程中，要保持冷静的头脑，及时发现问题并调整策略。当遇到困难和挫折时，不轻易放弃，冷静分析原因，寻找解决办法。

人生是一场充满挑战的旅程，不要让瞻前顾后和故步自封成为我们前进的绊脚石。发挥自己的天赋，勇敢地迈出每一步，用大胆且智慧的行动书写属于自己的辉煌篇章。如此，方能在人生的舞台上绽放出最耀眼的光芒。

行而知之：大胆行动助你拓宽思维边界

南宋著名诗人陆游在《冬夜读书示子聿》一诗中写道："纸上得来终觉浅，绝知此事要躬行。"这深刻地强调了实践出真知的道理。著名教育家陶行知也曾提出："行是知之始，知是行之成。"即人不是知而后行，而是行而后知。一个人起初所知本就有限，唯有不断探索，从实践中积累经验，才能收获成长。

纸上谈兵的赵括，虽饱读兵书，谈起兵法来头头是道，但真正走上战场，面对瞬息万变的局势时，却理论与实践严重脱节，最终导致了兵败身亡的悲剧。还有那些满腹经纶的军师，他们熟读兵书、谋略过人，却不能成为领兵的将军，原因在于将军不仅要有谋略，更要具备在战场上果断决策、坚决执行的能力。这些无一不彰显出大胆行动的重要性。

大胆行动，就像是一把钥匙，能够打开我们思维的枷锁，拓宽我们的思维边界。那么，我们该如何通过大胆行动去拓宽自己的思维边界呢？

一、勇敢迈出尝试的步伐

在风险可控的前提下，我们一定不要畏惧失败。每一次失败都是积累经验的宝贵机会。例如，想要学习投资理财时，不要因害怕亏损而不敢尝试。我们可以先拿出一小部分闲置资金，在学习基础的投资知识后，尝试进行低风险的投资活动。这样一来，即便短期内收益不佳，我们也能从实践中了解市场波动、掌握投资规律，为后续更合理的投资决策积累经验。

二、行动与思考并行

勇敢迈出第一步后，在行动过程中还要不断思考和总结。以撰写文章为例。每次写完一篇文章后，我们都要分析文章的结构是否清晰、论点是否明确、论据是否充分，并关注读者的反馈如何。总结优点与不足，在下一次写作时加以改进。如此循环往复，我们的写作水平与思维能力便能得到逐步提升。

三、积极开展交流合作

与不同的人进行交流合作，能够带来思维的碰撞与互补。通过参加行业研讨会，与同行分享经验、探讨问题，我们可能会发现，自己冥思苦想的难题，他人却有着独特的解决思路。与跨行业的人开展合作项目，能从不同的专业视角获得灵感，拓宽业务边界。例如，互联网从业者与传统制造业合作，就能催生出智能制造等创新模式。

四、主动挑战舒适区

不要让自己的思维在熟悉的领域固化。一直从事文字工作的人，可以学习视频剪辑、数据分析等新技能，从基础的软件操作入手，参与一些简单的项目实践，尝试打破思维定式，培养跨领域的思维能力，为个人发展开拓更多的可能性。

所以，大胆行动起来吧，不要让恐惧和犹豫阻挡我们前进的脚步。在行动中，我们会不断拓宽自己的思维边界，发现一个全新的自己，创造出属于自己的精彩人生！

大胆行动，让你从勇敢走向勇敢，从成功走向成功

我们在前面的章节中已经提到，大胆行动好处多多。不过，相信很多读者可能心里会犯嘀咕：道理我都懂，但我天生胆小，是不是就注定和大胆行动无缘了呢？并非如此，在本小节，我们先来一起分析不敢大胆行动的原因。

不敢大胆行动，主要是因为我们想得太多，害怕失败，对不了解的事情心存顾虑。回想平时的工作，例如整理文件、做简单表格这类熟悉的任务，我们自然不会担心做不好。如果立定跳远只要求跳一米，那我们肯定也不会因为害怕不达标而站在原地不动。总得来说，只有那些特别有挑战性、看起来很难成功的事情，才会让我们感到畏惧；对于那些稍加努力就可能做到的事情，大家还是愿意尝试的。

我们都听说过“失败是成功之母”，事实上“成功也是成功之母”。那些做什么都顺顺利利的人，自信心特别强，觉得自己有能力做好任何事情。即使偶尔失败了，他们也会归咎于运气不好、时机不对等外部原因，并不会怀疑自己的能力。这种心态使得他们总是敢于尝试新事物。反过来，如果一个人总是失败，就会慢慢开始怀疑自己，越来越不敢采取行动。

所以，大胆行动要从迈出第一步开始，激发我们内心的勇气。我们可以先从一些小事做起，一步一个脚印地感受成功的喜悦，从而逐步走向更大的成功。具体可以从以下几个方面入手。

一、设定合理的目标

先给自己设定一个大目标，如计划一年内升职。然后将这个大目标拆分成小目标。例如，这个月先学会一项新技能，下个月在团队里多承担一些重要工作。这些小目标是可以通过努力就能实现的。每完成一个小目标，就给自己一些奖励，如吃一顿大餐、买一件喜欢的东西。这样，我们就能不断感受到成功的快乐，自信心也会显著增强。

二、关注自身成长，避免盲目比较

有些人总喜欢跟身边最成功、最有钱的人比较，比完就丧失信心，认为自己不行，进而越发不敢行动。其实，每个人都有自己的优点和不足，我们应该多关注自己的进步。例如，这个月比上个月多学到了什么，今年比去年有哪些成长。只要一直在进步，自己就会越来越自信。

三、学会正确归因

在心理学中，归因是指人们对自己或他人行为进行因果性解释。也就是说，当一件事情发生后，我们会去思考是什么导致了这个结果。当我们做一件事情失败后，不应把原因都归咎为自己能力不足。例如，一次考试没考好，可能是因为考试那天身体不舒服，或者复习的资料不够全面，而不是因为自己脑子笨、学习能力差。把失败的原因归于外部因素，并不是让我们逃避责任，而是为了避免因为一次失败就彻底否定自己。这样，我们才能调整好心态，下次继续全力以赴。

四、关注自己的身心发展

身体和精神状态对我们有着重要影响。当身体不舒服或者精神不佳时，就容易觉得自己什么都做不好，从而陷入自我怀疑之中。很多时候，并不是我们真的能力不行，而是身体内的激素在作祟。例如，压力太大导致内分泌失调，就容易心情不好、睡眠质量下降。因此，平时我们要注意休息，保证充足的睡眠，多运动，多吃健康的食物。只有身心状态俱佳，我们才有底气大胆尝试新的事物。

大胆行动并不难，只要掌握了正确的方法，并且不断去实践，我们就能在这个过程中不断突破自己，变得越来越勇敢，从而取得更大的成功。每一次勇敢的尝试都是在为未来积蓄力量，每一次成功都能让我们站得更高、看得更远。让我们鼓起勇气，大胆行动起来，去创造属于自己的精彩人生！

第二部分

如何大胆行动

大胆行动之前，先明确自己的目标

经过上一章的探讨，我们对大胆行动及其带来的益处已经有了清晰认知。然而，很多人可能仍然心存疑惑：究竟该在哪些方面大胆行动？具体该做些什么？这就涉及行动的方向问题。

每个人心中都藏着一些渴望达成的目标。有人一心盼望赚钱、发财，毕竟财富能为生活提供更多的保障，实现更多物质层面的梦想；有人则迫切希望锻炼身体，拥有健康的体魄，以便尽情享受生活、应对工作的压力；还有人满心扑在学习上，期望学业有成，用知识武装自己，为未来的职业发展拓宽道路。很少有人会觉得自己当下的各方面都尽善尽美，不需要任何改变、不生发任何梦想。

找到自己内心最迫切、最犹豫不决的事情，便是找到了大胆行动的方向。例如，有人被肥胖问题困扰，心心念念想要减肥，塑造健康的身材；有人羡慕那些口才出众的人，渴望提升自己的表达能力，让自己在社交和职场中更加自信从容。这些都是值得大胆行动的方向、去努力实现的目标。

那么，我们该如何探寻自己内心的渴望，并确定行动方向呢？

一、回溯过往经历法

回顾从小到大的生活经历，仔细梳理那些让我们投入大量时间和精力，并且在过程中能感受到强烈满足感与成就感的事情。例如，在学生时代，积极参与的各类演讲比赛。虽然准备比赛的过程很辛苦，但当我们站在舞台上自信地表达观点，收获掌声和认可时，内心则充满了成就和喜悦。这可能暗示我们在语言表达和公众演讲方面有着浓厚兴趣和潜在天赋。投身相关领域并大胆行动，也许能取得不错的成就。

二、兴趣清单筛选法

列出一张自己感兴趣事物的清单，大到行业领域、小到日常爱好都可以。然后，对这些兴趣逐一评估，从实现难度、自身基础、发展前景等维度进行考量。例如，我们可能同时对摄影和编程都感兴趣，那么继续深入分析：在摄影方面，我们已经有了一定的设备和基础，而且在当前自媒体时代，对摄影作品的需求很大；而在编程方面，我们是零基础的新手，学习难度较大，但是编程的未来前景一片大好……通过这样的对比筛选，就能明确更适合自己大胆行动的方向。

三、尝试体验法

对于那些不确定自己是否真正感兴趣的事情，不妨花一些时间去亲身尝试。例如，若我们纠结是否要创业，可以先利用业余时间参加创业培训课程，或者在朋友的创业项目中担任志愿者，亲身体验创业过程中的各个环节。通过尝试体验法，我们可以判断自己是否真的热爱并适合创业，从而决定是否大胆行动。

四、梦想可视化法

找一个安静的地方，闭上眼睛，想象自己未来 5 ～ 10 年的生活状态。例如，若我们从事与绘画相关的工作，可以想象自己在宽敞明亮的画室中创作，作品挂满墙壁，正在举办个人画展；若我们投身学术领域，可以想象自己在图书馆里查阅资料，在学术会议上发表见解。哪种未来状态让我们内心充满向往和激动，那可能就是我们内心渴望的方向。

在明确了想要实现的目标之后，大胆行动就不再是一句空洞的口号，而是有了明确的方向和具体的落脚点。这要求我们在深思熟虑的基础上，鼓起勇气，克服内心障碍，将想法转化为实际行动。每一次大胆行动，都是一次自我突破，都有可能为我们打开一扇通往全新生活的大门，让我们收获成长与进步，离自己理想中的样子越来越近。

当然，我们所说的大胆行动，绝非莽撞，更不是脑子一热而冲动行事。例如，我们不能因为一时冲动想买一件过于昂贵的东西，就不考虑自己的经济实力直接支付；同样，我们也不能仅凭一时兴起，就不顾法律和道德的约束随意行事。我们倡导的大胆行动，应聚焦于提升自我、对自身发展有益的领域。

以投资股票为例，假如我们长期关注某只股票，经过长时间的研究分析，对其行业前景、公司财报和竞争优势等方面都进行了深入了解，并通过精确的财务模型推演，认定它有上涨的潜力，但心里仍有些许疑虑，不敢轻易入场。此时，我们就需要克服内心的恐惧和犹豫，大胆行动。

再以创业为例，尽管创业伴随着风险，但如果你已经深思熟虑了很久，对市场需求、商业模式、运营成本等关键要素都进行了全面考量，并且评估了自己能够承担创业失败带来的后果，只是在做决定的一刻有些踌躇，那么就不要犹豫，大胆迈出创业的第一步。许多成功的企业家如马云，在创办阿里巴巴时，也面临诸多不确定性和风险，但他凭借果敢的行动，抓住机遇，成就了一番事业。

还有那些被拖延症耽误的事情。例如，我们早已计划好健身减肥，甚至制订了详细的锻炼计划和饮食方案，可每次到了该行动的时候，就给自己找各种借口，躺在沙发上不愿行动。这种情况下，我们就不应该再给自己犹豫的机会，需要果断行动起来。从穿上跑鞋出门跑步开始、从拒绝高热量的食物开始，每一次的坚持都是向目标一步步地靠近。

然而，生活中不乏这样一类人：他们想法众多，心思繁杂。一会儿渴望成为画家，用画笔描绘世界；一会儿又憧憬成为诗人，用文字抒发情感；一会儿想投身创业浪潮，实现商业抱负；一会儿又向往学术领域，追求知识的深度。但人的精力毕竟有限，不可能将所有大胆行动的想法都付诸实践。此时，就需要我们静下心来，认真扪心自问：我真正需要的是什么？我内心最渴望去做的又是什么？

人生是一场有舍有得的旅程，只有精简目标、专注前行，才能把事情做好。在做选择时，我们不仅要考虑内心的渴望，还要理性评估自己是否具备相应的条件和能力。例如，我们向往成为一名专职画家，那就问问自己：是否具备绘画天赋？是否有足够的耐心和毅力去日复一日地练习？如果只是一时兴起，且自身并没有这方面的基础和优势，那么成功的概率可能就会很低。相反，如果我们对数字敏感、擅长分析，并且在金融领域有着不错的积累，那么朝着致富的商业道路大胆行动，或许更有机会取得成功。

深入分析自己的优劣势，客观判断机会与威胁

许多人都熟知《三国演义》中诸葛亮挥泪斩马谡的故事。

诸葛亮北伐曹魏时，街亭是极为关键的战略要地，其得失直接关系到整个战局的走向。马谡主动请缨，立下军令状，誓要守住街亭。诸葛亮深知街亭的重要性，临行前反复叮嘱马谡要阻挡住魏军。

马谡自幼熟读兵书，谈起兵法理论滔滔不绝，自以为对军事战略了如指掌。到达街亭后，他审视地形，心中萌生了自己的主意。他认为当道扎营太过平常，难以展现自己高超的军事才能，而山上居高临下，能更好地攻击敌人。于是，他不顾副将王平的多次劝阻，执意将军队驻扎在山上。

然而，他忽视了自身的短板——他虽然饱读兵书，但缺乏实战经验，没有充分考虑到山上扎营的诸多风险。魏军统帅张郃率领大军赶来，挡住王平来路；看到马谡在山上扎营，申耽、申仪两路人马立刻包围了整座山，切断了蜀军的水源。蜀军陷入混乱，军心涣散，不战而溃。街亭就这样轻易地落入了魏军之手，诸葛亮的北伐计划也因为街亭的失守而功败垂成。

战后，诸葛亮虽然悲不自胜，但为了严明军纪，还是挥泪斩杀了马谡。马

谡的失败，在于他没有正确认识自己的优势和劣势。他虽然精通兵法理论，却缺乏实战经验，不仅如此，还盲目自信，不听劝阻就贸然行动，最终酿成了大祸。

这一故事深刻地揭示了认清自身优势和劣势的重要性。

认清自身优势，我们便可以在发展中有的放矢，集中精力发挥长处，从而提升竞争力。例如，擅长沟通交流的人，在销售、公关等领域就能如鱼得水。在认识到自身劣势后，我们可以提前规避风险，或者通过学习、合作等方式弥补不足。例如，不擅长数字运算的人，不要轻易涉足对数学能力要求极高的金融分析领域。同时，清晰的自我认知还能帮助我们保持理性和谦逊，避免因盲目自信而犯错。

那么，我们该如何更准确地认清自己的优势和劣势呢？SWOT 分析法是一个有效的工具。

SWOT 分析法是一种对评价对象内部优劣势和外部竞争条件进行态势分析的方法。它通过对被分析对象的优势（Strengths，简称 S）、劣势（Weaknesses，简称 W）、机会（Opportunities，简称 O）和威胁（Threats，简称 T）进行综合分析，得出具有决策性的结论，为制定战略提供重要依据。

优势：是指内部所具备的、有助于实现目标的积极因素或独特能力，如专业的技能、丰富的经验、良好的人际关系、强大的学习能力等。

劣势：是指内部存在的、可能阻碍目标实现的消极因素或不足之处，如经验的缺乏、知识的短板、技能的欠缺、不良的工作习惯、沟通能力差等。

机会：是指外部环境中存在的、对实现目标有利的机遇和条件，如市场需求增长、政策支持、新技术出现、竞争对手失误等。

威胁：是外部环境中存在的、可能对目标实现造成不利影响的因素，如竞争加剧、市场萎缩、政策法规调整、经济形势不稳定等。

在进行 SWOT 分析时，我们通常将优势和劣势视为内部因素，而将机会和威胁视为外部因素。通过对这四个方面的全面梳理和交叉分析，我们可以清晰地了解自身的状况以及外部环境，从而制定出更具针对性的策略。常见的组合策略如下。

SO 策略（“优势—机会”策略）：利用自身优势，抓住外部机会。这是最理想的策略组合。

WO 策略（“劣势—机会”策略）：借助外部机会，弥补自身劣势。

ST 策略（“优势—威胁”策略）：发挥自身优势，规避外部威胁。

WT 策略（“劣势—威胁”策略）：减少自身劣势，规避外部威胁。这是一种较为保守的策略。

在分析马谡的案例时，我们可以从优势、劣势、机会和威胁四个方面进行梳理。

优势：马谡饱读兵书，对兵法理论有深入研究，能够引经据典地分析战局，在理论层面上对军事战略有着较为全面的理解。这使得他在制订作战计划时，能够从多种角度思考战术的运用。

劣势：马谡的实战经验严重不足。尽管马谡的理论知识丰富，但他缺乏在真实战场上应对各种突发情况的能力。此外，他刚愎自用，听不进他人的合理建议，这在团队协作和决策过程中是一个极大的隐患。

机会：街亭的地理位置特殊，若能合理布局，利用地形优势，便有机会成功阻挡魏军，为北伐创造有利条件。同时，诸葛亮对马谡委以重任，给予了他充分的信任和自主权，这为他提供了一个绝佳的机会来展现自己的才能。

威胁：魏军实力强大，统帅张郃是经验丰富的将领，善于把握战机，作战风格多变，这对马谡来说是一个巨大的挑战。此外，街亭如果失守，不仅会影响北伐大局，马谡自己也将面临严重的军法处置。

通过这样的分析，我们可以得出，马谡本应采取 WO 策略，即借助此次防守街亭的机会，弥补自身实战经验不足的劣势。具体来讲，他可以充分利用副将王平的实战经验。王平身经百战，在长期的军旅生涯中积累了丰富的实战经验，熟知不同地形下的排兵布阵，能沉着应对各种突发状况。例如，在以往的战斗中，无论是遭遇敌军的突袭，还是陷入复杂的地形困境，王平都能凭借丰富的经验化险为夷。

如果马谡能够充分认识到王平的价值并与他紧密合作，那么马谡在实战经验上就能得到极大的补充。在选择扎营地点时，马谡可以与王平共同勘察地形，认真听取王平关于当道扎营的优势分析。王平会从实战的角度出发，指出当道扎营能够有效阻挡魏军骑兵的冲击，保障水源供应充足，同时在敌军围困时能够迅速组织有效的防御和反击。在制订作战计划时，马谡可以运用自己的理论知识，提出多种战术构想，而王平则可以根据实战经验判断每种战术在战场上的可行性，评估可能出现的问题，并提供相应的应对方案。例如，对于马谡提出的诱敌深入战术，王平可能会结合魏军的作战风格和街亭周边的地形特点，提醒马谡如何设置埋伏地点、何时发动攻击以及如何防止敌军识破陷阱等具体细节。

如果马谡能够这样分析并行动，或许就不会落得惨败被斩的结局。

对于我们现代人，在大胆行动之前，运用SWOT分析法进行全面剖析，是实现目标、规避风险的关键步骤。在做出重大决策，如选择职业方向、开展创业项目、进行投资活动之前，我们可以先静下心来，认真分析自己。

首先，我们要先梳理自身的优势，明确自己擅长的领域、拥有的技能以及独特的资源。例如，如果我们擅长数据分析，在大数据时代，各行业对数据的重视程度与日俱增，这就是我们的优势。同时，我们也要坦诚面对自己的劣势，如缺乏相关工作经验、不擅长公众演讲或者时间管理能力欠佳等。

其次，我们要审视外部环境带来的机会与威胁。我们需关注市场趋势、政策导向以及行业动态。以电商行业为例，互联网的普及和消费的升级带来了巨大的发展机遇，但激烈的市场竞争和快速变化的消费者需求也是不可忽视的威胁。

最后，在全面分析之后，我们可以根据不同的组合策略来决定行动方向。如果自身优势与外部机会相匹配，我们可以果断地采用SO策略，全力发挥优势，抓住机会。如果发现自身劣势与外部机会并存，如自身缺乏营销经验，但市场对新产品需求旺盛，我们可以运用WO策略，借助外部机会提升自身能力，如参加营销培训课程、聘请专业营销人员等。如果优势与威胁并存，自身在某领域技术领先，但竞争对手也在加大研发投入时，我们可以采用ST策略，利用技术优势建立更高的竞争壁垒，同时关注对手动态，及时调整策略。如果劣势与威胁并存，如资金短缺且市场不景气，我们可以采用WT策略，谨慎行事，削减不必要的开支，寻找合作机会以降低风险。

总之，大胆行动需要建立在深思熟虑和充分准备的基础上。通过运用 SWOT 分析法，我们能更清晰地认识自己，更准确地把握外部环境，从而有谋划、有步骤地采取行动，提高成功的概率，向着目标稳步迈进。

行动要有方向，莫做南辕北辙的无用功

晓宇在学生时代十分好学，每天都要花费大量时间学习，但每次考试成绩都不理想。深入了解后发现，晓宇特别热爱历史，各种历史典故和故事他都能信手拈来，对历史事件的情节和细节他也了解得十分透彻。然而，他过于沉浸在自己感兴趣的历史故事中，反而忽略了课本上的知识和考试的重点。例如，考试要求掌握历史事件的意义、影响等，但他只关注事件的情节。在回答主观题时，他按照自己的理解作答，结果和书上的标准答案大相径庭，导致他在主观题部分失分严重。考试是一场有范围的竞争，只有掌握了规定范围内的知识和技能，才能取得高分，而不是单纯熟悉某个领域就能成功。晓宇虽然努力，但因为方向错误，最终成绩并不理想。

这个事例警示我们，若没有正确的方向，无论行动多么大胆、付出再多，都无法达到预期目标。那么，当确定好方向后，该如何摒弃外界杂音，坚决执行呢? 以下是一些可以尝试的方法。

一、巧用“隔离清单”

将可能干扰自己的事物罗列出来，如追剧、打游戏、无意义的社交闲

聊等。此外，在学习或工作时，将手机调至静音并放在看不见的地方，卸载娱乐 App（应用程序）；拒绝那些无意义的社交邀约等。例如，小王在备考注册会计师期间，他把手机里的游戏和视频软件全部卸载，关闭朋友圈消息提醒，让自己免受干扰，专注学习。

二、搭建“目标进度看板”

准备一块白板或者利用电子表格，将大目标细化为每日、每周、每月的小目标，完成一项就打勾或标注进度。例如，准备考研的同学，可以把每天要背诵的单词量、要复习的科目章节等列在看板上。当看着目标被一个个完成时，我们就会成就感倍增、动力满满，时刻提醒自己要朝着目标不断前进。

三、寻找“同行伙伴”

加入与自己目标一致的群体，如备考群、创业交流小组等。在群里，大家互相分享经验、资料，交流遇到的问题和解决方法。当我们想偷懒时，看到别人在努力，就会受到激励继续前行；当我们遇到困难想放弃时，也能从他人那里得到鼓励和支持。

四、开展“定期断舍离”

每隔一段时间，比如一个月，回顾自己的行动，看看这段时间参与的活动、花费的精力是否都围绕着既定目标。如果发现有些事情偏离了方向，就果断舍弃。例如，一位老板在运营五金产品网店时，发现参加一些与行业无关的社交聚会不仅浪费时间，还分散精力，于是他决定不再参与，而是将更多的时间投入到店铺运营和产品研究上。

在前进的道路上难免会走偏：一种情况是，在行动之初考虑不够周全，对自身能力、目标难度、外部环境等因素预估不足，导致行动一段时间后发现与预期偏差很大；另一种情况是，由于大环境的变化，原先决策时的客观条件可能已不复存在。

如何发现自己走错了方向？我们可以定期对自己的行动进行复盘。以工作为例，每月末，回顾本月的工作成果，分析是否与目标存在差距。如果连续几个月都无法完成既定目标，且经过努力后仍无明显改善，就需要反思方向是否有误。同时，也可以借助外部视角。“当局者迷，旁观者清”，主动向身边的领导、同事、朋友寻求反馈，他们可能会从不同的角度发现我们忽视的问题。如果发现方向错误，关键是要果断调整。

总之，在人生的道路上，我们既要找准方向，又要在发现方向错误时及时调整。只有这样，我们的行动才更有价值，避免做南辕北辙的无用功，最终实现自己的目标。

拒绝“薄脸皮”：走自己的路，让别人说去吧

阿辉一直对知识分享充满热情，平日里不断学习与积累，已经有了不少独到而深刻的见解。在短视频蓬勃兴起的浪潮中，阿辉凭借敏锐的洞察力，一眼就捕捉到直播知识付费领域潜藏的巨大商机。他渴望在这个新兴领域大显身手、开拓一番新天地。为此，他全身心地投入到筹备工作中，精心打磨课程内容，刻苦钻研直播技巧，只待时机成熟，便轰轰烈烈地开启自己的新事业征程。

然而，当他兴高采烈地将这个想法分享给父母时，得到的不是鼓励支持，而是一盆兜头浇下的冷水。父母语重心长地劝他说：“你性格内向，现在又有一份稳定的工作，何必非要去冒这个风险呢？咱们家祖祖辈辈都是普通人，这种发大财、出人头地的事，恐怕轮不到我们。听爸妈的话，别瞎折腾了，安稳踏实地过日子吧！”亲戚们也纷纷随声附和，七嘴八舌地劝他赶紧放弃这个“不切实际”的念头。在这些负面意见的轮番轰炸下，阿辉的内心开始动摇，陷入犹豫与纠结的泥沼。最终，他选择妥协，放弃了自己的梦想。

时光匆匆，三年转瞬即逝。阿辉那些投身直播行业的朋友们，凭借着不懈的努力与坚持，在这个领域里赚得盆满钵满。他们不仅实现了财富积累，有

些人还成为了行业翘楚。反观阿辉，他依然在原来的工作岗位上领着固定的薪水，日复一日地过着平淡无奇的生活。每当夜深人静时，阿辉回想起这件事，心中便充满了痛苦与悔恨，忍不住埋怨父母和亲戚。他常常暗自思忖："那些朋友原本各方面条件都不如我，可他们通过后天的努力和训练，变得这么优秀，而我却因为听从他人的意见，白白错失了改变命运的大好机会。"

阿辉的经历并非个例。在现实生活中，我们可能也会像阿辉一样，因为过分在意他人的看法而畏缩不前，最终错失无数宝贵的机遇。每个人的精力都是有限的，如果总是被他人的观点左右，那么情绪就会像波涛中的小船一样起伏不定，精力也会在无端的纠结中消耗殆尽。成功从来不是一件容易的事情，它需要我们具备坚持不懈的毅力、持之以恒的努力以及果敢决绝的决策力等诸多难能可贵的品质。而在这些品质中，决策力尤为关键，它关乎我们能否摒弃身边的干扰。当我们下定决心要做某件事时，一定要坚守内心的信念，大胆地付诸行动，不要被他人的声音轻易干扰，坚定地走自己的道路。

当我们鼓起勇气迈出第一步时，难免会听到类似的刺耳声音："你只是个再普通不过的人，凭什么认为自己能做成这件事?"但请记住，在这个竞争激烈、快节奏的社会里，每个人都在为自己的生活忙碌奔波，根本没有那么多人关注你、评判你。即便真的有人对你冷嘲热讽，那也只是一时的情绪宣泄。就像夏日的阵雨，来得快去得也快。一旦你凭借自己的努力取得了成功，那些曾经的干扰声音就会消失得无影无踪。所以在事情尚未成功之前，不被他人看好是很正常的事情，但我们绝不能因为这些外界的干扰就轻易否定自己，一定要坚定不移地相信自己的选择。

在社交平台上，我们会看到一些人早期不太成熟的作品或表现，被网友们戏称为“黑历史”。但换个角度来看，这何尝不是他们走向成功的必经之路。每个人都是从青涩懵懂逐渐走向成熟稳重，从一无所知到熟练精通。在这个过程中，不乏质疑的干扰，但我们绝不能让这些负面因素成为我们前进路上的绊脚石。

或许有人会无奈地说：“我这人脸皮薄，实在扛不住那些负面评价，心灵很容易受伤。”其实，应对这些困扰的方法并不复杂。在行动初期，与其急于向所有人宣告自己的计划，不如全身心投入到实现目标的过程中。正如雷军所言：“悄悄地干，输了呢就当没干过。”我们可以先沉下心默默努力，等取得实实在在的成果后再公之于众。这样，既能有效避免不必要的外界干扰，也能在一定程度上减轻失败后的心理压力。

如果实在难以忍受别人的评价，我们还可以试试下面这些方法。

一、建立心理防火墙

每天花 10 ～ 15 分钟进行积极的自我肯定练习。我们可以对着镜子告诉自己“我有独特的价值”“我的想法值得一试”“别人的评价不能定义我”等。通过不断重复积极的话语，我们可以在内心深处建立起一道坚固的心理防线，提升对负面评价的抵御能力。当听到外界的负面声音时，我们可以迅速调动起这些积极的自我认知，不被它们轻易影响。

二、组建正向社交圈

主动结识那些积极向上、乐于支持和鼓励我们的朋友，建立一个充满正能量的社交圈子。我们可以通过参加兴趣小组、行业研讨会或加入互联网群组等方式，找到志同道合的伙伴。在这个圈子里，大家相互分享成功经验，互相鼓励打气，共同应对困难和挑战。当遭遇外界的质疑时，这个正向社交圈能够给予我们温暖的支持和建设性的提议，帮助我们坚定信心，继续前行。

总之，在人生的漫漫长路中，不要让别人的看法束缚自己的脚步，要坚定地朝着目标前行，用行动书写属于自己的辉煌。

克服恐惧感，但行好事，莫问前程

在生活中，我们或许都有过这样的体验：心中怀揣着某一想法，但迈出行动的第一步却无比艰难。究其根源，很大程度上是因为我们对未知充满了恐惧，不确定自己的选择会带来怎样的结果——成功了固然欣喜，可失败了又该如何面对？于是，在这种患得患失的心态中，我们踌躇不前，任由机会悄然溜走。

对未知的恐惧，本质上是我们权衡利弊、不断对比评价的结果。对于大多数普通人来说，那种一旦失败就会万劫不复的决策，其实很少遇到。通常，我们所担忧的往往是付出后得不到预期回报。例如，当我们想要学习一门新语言时，往往会担心投入大量时间后仍无法熟练掌握，于是产生了还不如一开始就不尝试的想法。但仔细想想，这种犹豫的背后，其实是因为这件事对我们来说利益不够大、重要性不足。设想一下，如果眼前的机会是能够改变命运、荫庇子孙的大事，或许我们就不会踌躇了。

古代有“先登之功”。在冷兵器时代，攻城是极为艰难且危险的战斗。先登上城墙的士兵，需独自面对敌方最猛烈的攻击，伤亡风险极高。然而一旦成功，先登者便能获得极高的荣誉和丰厚的赏赐，这份荣耀足以让家族显赫、子孙受益。因此，为了这份先登之功，无数将士舍生忘死、不计代价。这便是在巨大利益驱使下，人们即使面对未知也能勇往直前的典型例证。

由此可见，我们所谓的恐惧未知、不敢大胆行动，归根结底是在计较得失。然而，成功本就充满了不确定性。如果做一件事成功的概率有九成，那这样的机会往往轮不到我们，早就被众人一抢而空了。敢于面对未知，才是我们能力的体现。很多时候我们之所以能成功，不是因为我们抓住了那九成把握，而是因为我们比别人更勇敢一点儿，能够不惧怕未知。

面对未知时，我们应该如何克服恐惧？以下是一些具体的建议。

一、将未知转化为已知

在行动前，尽可能多地收集信息。以创业为例，我们可以深入调研市场需求、竞争对手动态和行业趋势等。通过阅读行业报告、与业内人士交流、参加相关培训等方式，全面了解创业领域的信息，让自己对即将面临的情况有更清晰的认知，从而提高行动的成功率。同时，还可以进行小规模的尝试，就像新产品推出前先进行市场试销一样。通过试销收集反馈，我们可以及时调整产品，降低大规模推广时的风险，将未知的市场反应逐渐转化为已知。此外，制订详细的计划，把大目标拆解为阶段性任务，让行动更具方向性和条理性。

二、强化心理建设与自我暗示

我们可以每天花 10 ～ 15 分钟进行积极的自我暗示，对着镜子告诉自己“我有能力应对未知”“每一次挑战都是成长的机会”等。通过持续重复这些积极话语，我们能够在内心深处建立强大的心理屏障。当遭遇未知带来的恐惧时，这些积极的心理暗示会迅速被唤醒，进而帮助我们增强自信心。此外，回顾自己过往成功克服困难的经历也很有帮助。无论是一次考试的逆袭，还是完成一项高难度的工作任务，都可以成为我们的“心理宝藏”。将这些经历记录下来，在感到恐惧时，我们可以翻阅回顾，提醒自己有过成功，从而鼓起勇气面对未知。除此之外，培养乐观的心态也至关重要。我们要学会从积极的角度看待问题，把未知视为充满无限可能的机遇，而非威胁。

三、制定合理的风险预案

在行动之前，要认真评估可能遇到的风险和问题，并针对不同的风险制定相应的应对措施。例如，在计划投资股票时，我们就要充分考虑到股票价格下跌的风险，并提前设定止损点。当股价下跌到一定程度时，果断卖出，避免更大的损失。同时，预留一定的应急资金，以应对突发情况，确保即使遇到挫折也不会让自己陷入绝境。此外，还可以为自己设定一个“失败底线”，明确在最坏的情况下，自己能够承受的损失和后果是什么。这样，在面对未知时，我们心里也会更有底。

人生是一场充满未知的旅程，我们每一次勇敢的行动都是在未知中探索前行，不要让对未知的恐惧成为我们追求梦想的阻碍。当我们放下对得失的计较，鼓起勇气直面未知，坚定地迈出每一步，终会在人生道路上收获属于自己的精彩，那些曾经让我们畏惧的未知，最终都将成为成就我们的基石。

大胆行动指的是有勇有谋，而非莽撞

在追求目标与梦想的道路上，大胆行动常常被视为迈向成功的关键要素。然而，大胆行动绝非简单的莽撞行事，两者有着本质上的区别。这点我们在前文中已有所提及，而在本节，我们将深入且详细地论述这一关键要点。

想要真正做到大胆行动，我们先要厘清大胆行动与莽撞之间的界限，即我们要分辨什么是大胆行动，什么是莽撞。

一、决策方面

在决策方面，大胆行动是基于全面的信息收集与深度分析。在行动前，我们要运用多种渠道广泛收集与行动相关的信息，如互联网搜索、行业报告查阅、实地调研等。随后，对收集到的信息进行筛选、整理和分析，并运用批判性思维，评估信息的真实性、可靠性和相关性。最终，结合自身的知识、经验和能力，对各种可能性进行理性判断，权衡利弊后做出决策。

莽撞的决策则依赖片面信息或主观臆断。莽撞之人获取信息的渠道单一，且不进行核实，仅凭道听途说或个人的片面认知就作出判断，缺乏对信息的分析和判断能力，容易被表面现象迷惑，不考虑信息背后的潜在因素和影响。这种决策方式往往仅凭一时的情绪冲动或个人喜好，而不是基于客观事实和理性思考。

二、风险评估方面

在风险评估方面，大胆行动表现为对行动可能面临的风险进行全面、系统的评估。首先，我们要识别潜在的风险，这包括内部风险（如自身能力不足、资源短缺等）和外部风险（如市场变化、政策调整等）。其次，要分析风险发生的可能性及其可能造成的影响，并运用专业的风险评估工具和方法，对风险进行量化评估。最后，针对不同风险制定具体、可行的应对策略，如风险规避、风险降低、风险转移和风险接受等。

莽撞之人则表现为缺乏风险意识，不主动识别、评估风险，对潜在的风险隐患视而不见，对风险认识不足或完全忽视风险。在行动过程中，一旦遇到风险，由于缺乏应对能力和预案，容易陷入被动局面，最终导致行动失败。

三、目标规划方面

在目标规划方面，大胆行动表现为拥有清晰、明确且合理的目标规划。具体而言，我们可以明确长期目标和短期目标，并将长期目标分解为多个阶段性的短期目标，使目标具有可操作性和可衡量性。同时，制订详细的行动计划，包括行动步骤、时间安排、资源分配等，以确保目标的实现。在行动过程中，还需根据实际情况对目标和计划进行适时调整和优化。

莽撞之人则表现为目标模糊、不明确，且缺乏有效的规划。没有明确的目标，或者目标过于笼统、不切实际，难以指导具体行动。行动缺乏计划性，想到什么就做什么，没有合理的时间安排和资源分配，导致行动混乱无序。

四、行动节奏方面

在行动节奏方面，大胆行动表现为保持适度且灵活的行动节奏。在行动初期，我们不必急于求成，而是应做好充分的准备工作，确保行动的基础扎实稳固。在行动过程中，根据实际情况灵活调整节奏：当遇到困难或阻力时，不盲目冒进，而是冷静分析，寻找并实施解决问题的方法后再继续推进；取得一定成果后，不骄傲自满，而是持续优化行动方案，保持持续前进的动力。

莽撞之人的行动节奏要么过于激进，要么过于拖沓。行动开始时急于求成，没有充分准备就匆忙上阵，妄图迅速取得成果，结果往往漏洞百出。而当遇到困难时，又容易产生消极情绪，行动变得拖沓，缺乏解决问题的积极性和主动性，最终停滞不前。

五、应急准备方面

在应急准备方面，大胆行动表现为提前设想可能出现的突发状况，并准备好应对方案。深入分析行动过程中可能遇到的意外事件，如资金链断裂、核心成员离职、政策突然变化等。针对每种突发情况，制定具体的应对措施，包括备用资金储备计划、人才储备方案、政策解读与应对调整策略等。定期对应急方案进行演练和优化，确保在预想的突发情况实际发生时能够迅速、有效地做出反应。

莽撞之人的行为则表现为毫无应急意识，对可能出现的意外情况毫无预见。不考虑行动中可能出现的各种变数，一旦遇到突发问题，完全没有应对的思路和方法，只能手忙脚乱、不知所措，任由情况恶化。

总之，大胆行动是有勇有谋的体现。这要求我们在行动之前进行充分的思考和准备；在行动过程中保持冷静和理智，灵活应对各种挑战。而莽撞只会让我们在没有充分准备的情况下仓促上阵，最终可能导致失败和挫折。只有分清大胆行动与莽撞，我们才能在人生的道路上以正确的方式大胆前行，实现自己的目标与梦想。

第三部分

工作中大胆出击，“冲”就对了

找工作大胆秀，高薪 offer 拿到手

小王虽然性格内向，但是做事认真负责且能力出众。他习惯于默默付出，从不炫耀自己的成就。在他心里，低调谦逊是为人处世的至高原则。

然而，当小王置身于求职市场中，这份内敛却成了他的绊脚石。在一次心仪公司的面试中，面试官问及他的优点时，他顿时紧张得哑口无言。实际上，小王在数据分析领域经验丰富，还主导过多个重要项目。但一想到要主动夸赞自己，他就感到浑身不自在。最终，他没被录取，而入职的那位候选人各方面的能力都远不如他。

我们从小接受的教育中，往往强调要谦逊待人，不可过度表现自己，否则会被视为骄傲自大。然而，在如今竞争激烈的职场环境中，找工作其实是一场双向选择：企业需要寻找合适的人才，而求职者也在寻找理想的舞台。如果我们在求职过程中不主动展示自己的能力、经验和独特之处，企业就很难在短时间内发现我们的闪光点。过于谦逊，不仅会妨碍企业快速了解我们的优势，还可能导致双方错过合作的机会，最终影响我们的职业发展。

那么，在找工作时，我们该如何在大胆展示自己的同时，又不让人觉

得是在自吹自擂呢？以下是一些可行的方法。

一、用数据和成果说话

在描述能力和成就时，不要使用空洞的形容词，而要用具体的数据和成果来支撑。例如，不要说“我工作效率高”，可以说“在之前的项目中，我通过优化工作流程，将项目完成时间缩短了30%，为公司节省了10万元成本”；不要说“我销售能力强”，可以说“我上个季度个人销售额达到500万元，在团队中排名第一，使公司产品市场占有率提升了5%”。具体的数据能让面试官直观地感受到我们的能力和价值，既真实又有说服力。

二、讲述具体案例和故事

分享工作中的实际案例和故事能让面试官更好地了解我们的工作方式和解决问题的能力。例如，可以从分析问题、采取措施，到获得客户满意反馈，详细阐述自己是如何解决客户投诉问题的。“曾经有一位重要客户投诉产品问题，我在第一时间与客户沟通。在了解关键问题后，我迅速组织跨部门团队制订解决方案，并在48小时内将敲定的解决方案反馈给客户。最后不仅成功挽回了客户，还获得了额外订单，为公司带来了50万元的新增收入。”这样的事例能够生动地展现我们的沟通能力、团队协作能力以及应变能力。

三、引用他人评价和推荐信

如果获得过前领导、同事或客户的积极评价和推荐信，面试时可以适当提及。例如：“我的前领导曾评价我是团队中最有责任心和创新精神的成员，在完成××××（具体项目名称）时，他对我的工作态度和最终成果都给予了高度认可。”也可以直接展示推荐信，让第三方的认可为我们的能力背书，从而增加可信度。

四、提前准备与岗位相匹配的亮点阐述

深入研究目标岗位的职责和要求，有针对性地梳理自身与之匹配的技能、经验和优势。如果目标岗位强调团队管理能力，就重点讲述自己带领团队完成高难度任务的经历，包括如何制定团队目标、合理分配任务、有效激励成员以及妥善处理团队内部矛盾等，从而突出自己在团队管理方面的亮点。

五、模拟面试与反馈改进

邀请朋友、家人或专业人士进行模拟面试，大胆展示自己，并认真听取他们的反馈意见。通过模拟面试，我们不仅能提前熟悉面试场景、克服紧张情绪，还能根据他人的建议优化表达方式和内容，使展示更加流畅且突出重点。

在竞争激烈的求职市场中，我们要学会主动展现自己的优势。大胆展示自己并非自吹自擂，而是让企业看到我们的实力与潜力。当我们掌握了正确的展示方法，用数据、案例和真诚的态度来展现自己时，就能在求职中脱颖而出，顺利获得心仪的高薪 offer（录用通知），开启职业发展的新篇章。

新点子大胆讲，升职加薪有希望

小宋在公司里是个很有想法的人。平日里，他对公司的各项制度以及同事们开展的业务，都有着自己独到的见解。看到一些烦琐、低效的流程和做法，他心里总会想："要是按照我的计划来，肯定能少走很多弯路，大家也不用这么辛苦。"但这些想法一直藏在他心里，从来不敢表达出来。

小宋之所以不敢表达，是因为内心有着诸多顾虑。他担心说出自己的想法会显得太过张扬，毕竟"木秀于林，风必摧之"；他害怕领导会觉得他野心勃勃，从而在对方心中留下不好的印象；他也担心同事们会因嫉妒而对他产生排斥，破坏工作中的人际关系，引发不必要的矛盾。因为纠结与内耗，小宋过得十分憋屈。

工作的目的是创造更大的价值，有好的想法却藏着掖着，对个人的发展和团队的进步都有害无益。在现代社会，无论是开会讨论还是项目推进，都倡导集思广益。如果每个人都隐藏真实想法，新的思路和方法就无从发掘，工作效率也难以提高。不要为没有发生的事忧虑，那将毫无意义。我们应该专注于解决已经发生的问题，快速进入下一阶段，而不是杞人忧天、纠结消耗。

在这里，我们不得不提“钝感力”。“钝感力”一词源自日本作家渡边淳一的著作《钝感力》。所谓“钝感力”，是指对周围事物不过分敏感的能力。具备钝感力的人，能够更加专注于自己的目标，不会因琐碎之事或他人的看法而过度消耗精力。例如，在工作中，他们不会因同事的一句无心之言或一个小眼神而胡思乱想，能够将精力集中在工作本身，专注于实现自己的目标。

正如我们在前文提到的，要想做成一件事情，具备良好的专注力是非常重要的。我们需要将精力投入到与目标相关的事情上，而不是浪费在与同事的内耗或无端的担忧上。

后来，小宋也意识到不能继续这样内耗下去，决定勇敢表达自己的观点。然而，在项目会议上他直接说：“老板、领导，大家都听我说，你们这个想法太不妥了，应该按照我这样做。”这种过于直白的表达方式让在场的同事们都感到愕然，也导致他与同事们的关系变得很紧张。

这说明，大胆表达自己的想法固然重要，但表达方式同样关键。那么，究竟该怎样做好表达呢？

一、提前准备充分

在提出想法之前，要充分调研相关资料，收集数据和案例来支撑自己的观点。例如，如果你想提出优化公司营销方案的想法，就要先了解市场趋势、竞争对手策略，以及公司过往营销活动的效果。在会议上发言时，你可以说：“经过几天的深入调研，发现我们目前的营销方案在目标客户定位上存在一些偏差。根据行业数据，我们的目标客户群体更倾向于通过线上渠道获取信息，而我们线下推广的投入占比较大。因此，我有一个新想法：我们可以加大线上营销的力度，如利用社交媒体平台进行精准推广……”

二、注意表达方式

采用温和、谦逊的语气，先肯定他人的优点，再提出自己的补充意见。例如：“我觉得大家刚才提出的想法都很有价值，给我很多启发。在此基础上，我还有一些不同的思路想和大家探讨一下。我认为，我们可以从产品差异化的角度出发，针对不同客户群体开发定制化的产品，以更好地满足市场需求。”

三、尊重他人反馈

提出想法后，要认真倾听他人的反馈，即使不同意也不要急于反驳，而是以开放的心态进行交流。你可以说：“你的观点很有启发性，我之前确实没有考虑到这一点。我们可以再深入分析一下，看看怎样能让方案更完善。例如，你提到的这个风险，我们可以一起探讨一下应对措施。我觉得可以从这几个方面着手……”

四、选择合适时机

要关注会议的讨论氛围和进程，当讨论陷入僵局或缺乏新思路时，适时提出自己的观点。例如：“大家讨论了这么久，似乎遇到了瓶颈。我突然想到一个新的角度，不知道对解决这个问题有没有帮助。我们可以尝试从优化供应链的角度出发，通过降低成本来提高产品竞争力……”

五、运用辅助工具

借助 PPT、思维导图等工具，将复杂的想法直观呈现，帮助听众更好地理解。例如，在介绍新的项目策划时，可以运用 PPT 展示项目的流程、预期效果、风险评估等内容，让信息一目了然。

六、寻求盟友支持

在提出重要想法之前，可以尝试先与关系较好、志同道合的同事交流，争取他们的支持。这样，自己在公开场合提出想法时，能得到他们的响应，从而增强说服力。例如："我有一个关于优化工作流程的想法，想先和你探讨一下，看看你的意见。如果可行的话，我们明天在会议上一起提出来，这样可能更容易推动方案实施。"

在竞争激烈的职场中，大胆且巧妙地表达新点子是展现个人能力与价值的关键。不要让恐惧和担忧阻碍我们前进的脚步，也不要因不当的表达方式而破坏努力的成果。掌握表达的艺术，勇敢地说出心中的想法，我们不仅能为团队发展贡献力量，还能为自己赢得升职加薪的机会，开启职业生涯的崭新篇章。

工作第一时间落实，恪尽职守增强执行力

在生活中，人与人之间的智商差距其实并不大。然而，两个起点、经历、家境相似且智商相差无几的人，最终的命运却可能大相径庭：一个飞黄腾达，另一个却平平无奇。

经过深入观察，我们不难发现一个现象：那些能考上名校的人和普通人相比，在处理问题时有一个关键的差别——执行力。从概念的角度来看，执行力是指有效利用资源、保质保量达成目标的能力，是贯彻战略意图、完成预定目标的操作能力。它包含完成任务的意愿、能力以及程度，是将目标转化为结果的关键力量。

薇薇相貌普通，性格内向，在工作中总是沉默寡言，因此存在感较低。她毕业于名校，当年还是某地的高考状元，但乍一看，似乎并没有什么特别之处。然而，只要仔细观察就会发现，领导交给她的每一件事情，无论多么微不足道，她都会迅速回应。不管事情进展如何、是否遇到困难，甚至毫无头绪，她都能及时给予反馈。哪怕是同事请她帮忙，短短十几分钟后，她也会及时告

知事情的进展情况。薇薇惜字如金，但她凭借强大的执行力和认真的工作态度，迅速在职场上站稳了脚跟。

名校毕业生性格各异，有人擅长交际，也有人专精其他方面。但即便是其中最普通的一员，也往往具备超强的执行力。他们会把别人托付的事情真正放在心上，全力以赴去完成。相比之下，职场上的大多数人却截然不同，他们惯常敷衍了事，对待领导或同事交代的事情，总是拖拖拉拉，还伴随着诸多抱怨，完全没有正确的工作态度。长此以往，便会拉开巨大的差距。

那些能考上名校的人，在同等应试条件下取得高分、脱颖而出，至少说明他们态度端正、学风严谨。这种认真做事的习惯和强大的执行力，虽然不能确保他们未来一定一帆风顺，但无疑是他们取得成功的重要因素之一。在执行力方面，他们已经超越了许多人。因此，我们必须重视执行力的培养，摒弃拖延和敷衍，主动落实每项任务，对于领导交代的任务更要尽快落实。

想要提升执行力，可以从以下几个方面入手。

一、想到即做，拒绝拖延

在日常生活中，一旦我们脑海里冒出某个想法或计划，只要条件允许，就应该立即付诸行动。例如，突然想到要整理杂乱的书架，就不要想着“等会儿再做”，而是应该马上起身开始整理；计划学习一门新语言，也不要拖延到明天，当下就应该下载学习软件，并制定当天的学习任务。通过这样一次次的实际行动，我们可以逐渐克服拖延的毛病，培养出立即行动的能力，让执行力成为一种本能反应。

二、运用四象限法则，合理安排任务

我们可以将任务按照重要性和紧急程度分为四个象限：紧急且重要、重要但不紧急、紧急但不重要、不重要也不紧急。紧急且重要的任务，如即将要截止的工作项目、重要客户的紧急需求等，我们应第一时间投入精力去完成；重要但不紧急的任务，如个人能力提升、长期项目规划等，虽然它们没有时间限制，但对个人和工作的长远发展至关重要，因此我们需要提前规划，并定期分配时间推进；紧急但不重要的任务，如一些临时会议、突然的电话沟通等，我们可以尽量授权他人处理，或者集中在一个特定时间段统一处理；不重要也不紧急的任务，如刷纯娱乐内容的短视频、参与无关紧要的闲聊等，我们应尽量减少或避免参与，以免浪费时间和精力。

三、制订详细计划并严格执行

每天晚上抽出 10 ～ 30 分钟，规划好第二天的工作和生活安排。我们可以将任务按照时间顺序和重要程度详细列出，并为每个任务分配合理的时间段。例如: 9 : 00 ～ 11 : 00 专注撰写重要的工作汇报材料，11 : 00 ～ 12 : 00 处理日常邮件、回复工作消息；14 : 00 ～ 16 : 00 参加团队会议和讨论项目方案，16 : 00 ～ 17 : 00 进行技能学习并做知识总结。在执行计划时，应严格遵守时间安排，尽量避免外界干扰。如果遇到突发情况导致计划受阻，应及时调整计划，但也要确保当天的重要任务能够完成。通过长期坚持，我们就能够逐渐适应并养成高效执行计划的习惯。

四、管理情绪，克服主观障碍

很多时候，我们之所以拖延或无法执行任务，是因为受到了情绪的影响。例如，对一项复杂的工作任务感到厌烦、对学习新技能感到恐惧等。遇到这种情况，我们要学会识别自己的消极情绪，并通过积极的心理暗示、深呼吸放松、转换思维角度等方式来调整。例如，告诉自己“这项任务虽然困难，但完成后会让我有很大的提升”；把大任务分解成小步骤，逐步克服心理障碍。努力改善情绪，坚持按照计划和目标行动，这样才能提升执行力。

在职场中，执行力还体现在对领导决策的执行上。尽管有些人可能对领导有意见，觉得自己没必要执行领导的决定，甚至“看不上”领导，不愿服从，但实际上，服从和执行是职场的基本规则，也是职场中生存的智慧。

有时候，我们会觉得领导的决策不合理甚至幼稚，这往往缘于信息不对称。领导身处高位，人脉广、资源多，能够接触到更多的公司高层信息，因此考虑问题更为全面，而我们可能只是管中窥豹，无法看到全局。当然，执行并非盲目服从，如果遇到道德有瑕疵、以权谋私的领导，要求我们执行有风险或违背法律法规、公序良俗的任务时，我们应维护组织利益，及时提醒领导并拒绝服从，必要时向领导层反映情况。

如果评估后发现领导的决策存在误判，我们应私下向领导反馈。但如果领导固执己见，我们只能一方面尊重领导的最终决定，另一方面提前做好事后补救的准备，尽量减少损失。总之，强大的执行力是职场生存和发展的核心竞争力，我们应高度重视并不断提升这一能力。

业务拓展锲而不舍，职场竞争当仁不让

在当今竞争激烈的商业环境中，业务拓展和职场竞争是每位从业者必须面对的两大挑战。然而，许多人在面对这两个关键环节时，却因心态问题而停滞不前。

业务拓展本身就是一场需要主动出击的“战役”，但许多人刚迈出第一步，就遭遇了心理障碍。他们觉得主动找客户、打电话推销产品或服务，似乎是一件低人一等的事。当电话那头传来冷漠的拒绝，甚至直接被挂断，或者发出的信息石沉大海，得不到任何回应时，他们的自尊心便会受到极大打击。久而久之，这种被轻视的感觉使他们对业务拓展望而却步，逐渐失去了努力开拓市场的信心和勇气。

职场中的晋升竞争，同样是一场没有硝烟的战争。公司的晋升机会有限，只有努力拼搏、积极争取，才有可能脱颖而出。然而，有些人深受“谦逊礼让”观念的影响，在竞争面前犹豫不决。他们觉得主动争取晋升似乎是一件难为情的事情，因此习惯于被动等待，期待别人为自己发声，幻想着机会能够自动降临。这种心态，在职场竞争中无疑是在自缚手脚。

乔·吉拉德的故事为我们提供了一个绝佳的启示。这位“世界上最伟大的销售员”，在他 35 岁那年，还只是一名破产的建筑从业者，背负着巨额债务，连给家人买食物的钱都没有。但就在人生最低谷时，他找到了一份汽车推销员的工作，从此开启了一段惊人的逆袭之旅。

吉拉德的推销智慧首先体现在他独特的自我营销方式上。他提出了“吉拉德 250 定律”：每位销售员平均需要认识 250 位潜在购车者。因此，他决定让每位顾客都成为他的活广告。每个月他都会给顾客寄送邮件，并持续数年。这些邮件内容永远写着同一句话：“我喜欢你。”这个简单的策略让吉拉德的名字深深印在了顾客的心中。

吉拉德还创立了“猎犬计划”。在展厅里，他会给每位顾客发一叠名片，并承诺如果他们介绍朋友来买车，就能获得相应的报酬。这个计划不仅为他吸引了大量客源，还构建起了一个庞大的客户网络。最妙的是，即使被介绍来的朋友没有立即购车，吉拉德也会继续跟进，因为他深知，每位潜在客户都可能在未来有买车的需求。

吉拉德最令人称道的推销技巧是他的“吉拉德式微笑”。他经常在镜子前反复练习微笑，直到找到最真诚、最温暖的表情。这种微笑并非机械式的，而是发自内心的。他相信，真诚的微笑能够消除人与人之间的隔阂，建立起信任。在推销过程中，他始终保持着微笑，哪怕面对的是最挑剔的顾客。

在推销话术方面，吉拉德也有独到之处。他从不直接推销汽车，而是先了解顾客的需求和预算。他会问：“告诉我，你理想中的车是什么样的？”然后，根据顾客的回答，为顾客推荐最适合的车型。这种以顾客为中心的销售方法，让他的成交率远远高于其他推销员。

同时，吉拉德的成功还源于他惊人的工作量。他每天工作 10 ～ 12 小时，在巅峰时期，他平均每天能卖出近四辆车。他的秘诀很简单：比别人更努力、更坚持。

吉拉德的成功不仅在于他的推销技巧，更在于他面对拒绝时展现出的坚韧心态和不断创新的方法。业务拓展和推销本质上是一份职业，它并不低人一等。客户的冷漠回应并非针对我们个人，而是基于他们的需求、时间安排或其他客观因素。正如吉拉德所说：“每一个‘不’都让你离‘是’更近一步。”我们应该学会调整心态，将拒绝视为工作不可避免的一部分，而非对个人价值的否定。我们要像吉拉德那样，不断探索新方法，优化自己的业务拓展策略。

职场竞争如同逆水行舟，不进则退。在这个机遇与挑战并存的时代，竞争已成为职场生存的常态。职场中，与同事保持友好协作固然重要，但当机遇来临时，更需要有当仁不让的魄力与智慧。谦让是一种美德，但在职场竞争中，过度的谦让可能被视为缺乏自信和进取心。真正的职场智慧，是在保持良好人际关系的同时，勇于展现自己的实力，用实际行动证明自己的价值，并主动争取那些能够让自己更上一层楼的机会。

要想在竞争中脱颖而出，需要掌握以下核心策略。

一、建立清晰的职业目标

建立清晰的职业目标至关重要。我们需要明确自己的职业发展方向，并据此制定短期和长期目标。这些目标应当具体、可衡量，并且要与企业的战略方向契合。例如，可以设定“在一年内掌握某项核心技术”，或者“计划在两年内带领团队完成一个重要项目”。

二、持续提升专业能力

持续提升专业能力是参与职场竞争的基础。我们应当保持对学习的热情，密切关注行业动态，及时掌握前沿技术。可以通过参加专业培训、考取相关证书、参与行业论坛等多种途径，不断提升自己的专业水平。同时，还要善于总结经验，将工作中的实践转化为可复制的知识体系。

三、塑造专业形象

塑造个人的专业形象同样重要。我们应该有意识地塑造自己的专业形象，通过突出的工作成果和积极的职业态度赢得同事和领导的认可。可以主动承担具有挑战性的任务，在关键时刻展现自己的价值。同时，要善于展示自己的工作成果，让领导看到你的贡献。

要想在竞争中脱颖而出，具体措施上可以参考以下几个方面。

一、主动沟通

主动沟通是职场竞争中的重要技巧。我们应定期与领导沟通工作进展和职业规划，让领导了解我们的能力和抱负。这种沟通并非简单的汇报，而是要展现我们的思考深度和战略眼光。例如，在汇报工作时，我们不仅要说明做了什么，还要分析为什么这么做以及未来的改进方向。

二、结果导向

结果导向是证明自身价值的关键。在职场中，数据和事实往往比空谈更具说服力。我们要学会用实际成果说话，将工作成果量化，通过具体的数据和案例来证明自己的贡献。例如，在申请晋升时，我们可以准备一份详细的工作成果报告，展示自己在项目中的具体贡献以及带来的实际效益。

三、注重团队协作

团队协作是职场竞争中不可或缺的能力。在团队项目中，我们既要展现领导力，又要注重团队协作。要主动承担关键任务，帮助同事解决问题，从而在团队中树立威信。同时，我们也要学会在团队中突出自己的贡献，让领导看到你的价值。

四、培养创新思维

创新思维是脱颖而出的重要武器。在职场竞争中，仅仅完成本职工作是不够的，我们还要培养创新思维，善于发现问题，并提出具有建设性的意见和建议。这种创新不仅体现在技术层面，还要涵盖工作流程的优化、管理方法的改进等方面。通过展现自己解决问题的能力，我们可以树立起创新者的形象。

五、提高时间管理能力

时间管理是职场竞争的基础能力之一。高效完成工作任务不仅能提高工作效率，还能为我们留出更多的时间用于自我提升和战略思考。我们要提高时间管理能力，学会分辨任务的轻重缓急，合理安排工作时间，确保在关键时刻能够全力以赴。

我们要明白，职场竞争是一场马拉松，而非短跑。我们需要有长远的眼光，既要抓住眼前的机会，也要为未来的发展做好充分准备。记住，真正的竞争不是打败别人，而是超越自己。掌握正确的方法并持之以恒，我们不仅能在职场竞争中脱颖而出，更能实现自我价值的最大化，铸就一段卓越的职业生涯。

勇敢挑战高难度工作，彰显能力与担当

在职场中，我们常常面临一个选择：是安于现状，还是勇敢地去挑战高难度工作？这不仅关系到个人成长，更体现了职业素养和担当精神。职场竞争的本质，归根结底是能力的较量，而能力的提升，往往源于对挑战的勇敢面对和积极应对。

查理·芒格，这位投资界的传奇人物，是伯克希尔·哈撒韦公司的副董事长，也是沃伦·巴菲特的黄金搭档。他提出的“能力圈”理论，不仅颠覆了投资界的思维方式，也为职场人士提供了宝贵的成长指引。

芒格的“能力圈”理论的核心在于：每个人都应当明确自己的能力范围，并在自己擅长的领域深耕细作。但这并不意味着我们要故步自封、停步不前。相反，明智的做法是在能力圈内努力实现“大概率的小成功”，同时适度拓展能力边界，勇敢挑战略高于当前能力的工作。这种渐进式的突破方式，既能确保工作质量，又能助力我们实现持续成长。

芒格强调：“如果你确有能力，你就会非常清楚能力圈的边界在哪里。”这意味着在职场中，我们需要客观地评估自己的优势和不足，在擅长的领域力求

卓越，同时有计划地拓展自己的能力边界。例如，一个擅长数据分析的职场人士，可以在熟练掌握现有工具的基础上，逐步学习更高级的分析方法，最终实现从执行者到决策支持者的角色转变。

职场中常见两种思维模式：固定型思维和成长型思维。固定型思维者认为能力是天生的，他们面对挑战时往往选择回避，害怕失败。而成长型思维者相信能力可以通过努力提升，他们将挑战视为成长的机会。固定型思维者往往会说：“这不是我擅长的领域。”成长型思维者则会想：“这是我学习新技能的机会。”这种思维差异直接决定了职业发展的上限。

成长型思维者的思维方式，如同一把钥匙，能够开启我们潜能的大门，不仅能够帮助我们在面对高难度工作时保持积极态度，还能将挑战转化为成长的动力。

但我们也要知道，勇敢挑战高难度工作需要正确的方法。

一、学会分解任务

我们要学会分解任务，将复杂的工作拆解为可操作的小目标，并逐步攻克。例如，对于一个复杂的项目，我们可以先制订详细的工作计划，将大目标分解为多个阶段性目标，并为每个阶段设立明确的完成标准。

二、善于寻求帮助

职场不是孤岛，许多对我们来说困难的工作，换作他人可能轻而易举。善于寻求帮助不仅能提高效率，还能建立良好的人际关系。例如，在遇到技术难题时，我们可以向经验丰富的同事请教，或者参加相关的培训课程。

三、保持学习的心态

每个挑战都是一次学习的机会，通过实践不断积累经验，我们的能力圈自然会不断扩大。我们可以定期进行自我反思，总结经验教训，并制订下一步的学习计划。

四、心理调适与压力管理

我们要保持积极乐观的心态，将挑战视为成长的机会。通过运动、冥想等方式，可以缓解压力，保持良好的工作状态；还可以设定小目标，并在达成后给予自己奖励，以保持持续的动力，确保自己在面对挑战时始终保持最佳状态。

在挑战高难度工作时，我们还要注意风险控制。正如芒格所强调的："避免因为自视过高而'做傻事'。"这启示我们：既要客观评估自己的能力，更要理性挑战而非盲目冒险。我们要建立应急预案，为可能出现的问题做好充分准备。例如，在接手一个新项目时，我们应先进行风险评估，并制订相应的应对方案；如果遇到超出自己能力范围的工作，可以寻求团队的支持，或者向领导请示。这种审慎的态度，既能确保工作质量，又能避免不必要的风险。

中国古语有云："取法于上，仅得为中。"这句话深刻揭示了挑战高难度工作的意义——即使我们未能完全达成目标，但在这个过程中所获得的能力提升和经验积累，也必将成为未来成功的基石。因为每一次挑战都是对自身能力的锤炼，每一次突破都是对原有边界的拓展。

在这个日新月异的时代，唯有不断挑战自我，才能在激烈的竞争中保持优势。让我们以成长型思维勇敢面对挑战，运用科学方法攻克难关，在不断拓展能力边界的过程中实现职业价值的持续提升。请记住，真正的能力不仅体现在完成工作的质量上，也体现在面对挑战时能够勇于担当，迎难而上。

勇敢吸引领导注意，展现魄力与才华

在职场中，仔细观察可以发现，职场人大致可以分为几种。一种是引领团队冲锋陷阵的核心人物，他们目标明确、能力出众，总能在关键时刻带领团队突破重围。一种是处于被裁员边缘的拖后腿者，他们工作敷衍、效率低下，给团队带来诸多负面影响。而大多数人处于中间状态，他们默默无闻，没有明显缺点，但也无突出优点，每日随波逐流，工作中不犯错但也毫无亮点，宛如透明人。他们按时拿工资，工作时偶尔摸鱼，熬到下班就走。他们对工作虽无太大热情，但也不敷衍，只是在企业中寻求安全感。

出现第三种人的成因大致可以归纳为以下几点：一是他们性格散漫安逸，工作缺乏明确目标和内在的动力，对工作没有更高追求，只求保住饭碗；二是集体环境过于宽容，缺乏有效的激励和竞争机制，使他们动力不足，逐渐在舒适区中消磨了意志；三是他们对工作缺乏兴趣，能力有限，又或者对工作、工资等各方面有所不满，对他们而言，工作只是谋生的手段，而非真正的事业。

其实，若对工作不满意，完全可以去寻找更心仪的事业。而若将工作视为事业，就需要全身心投入，挖掘自身潜力，努力把事情做好，自然会更受领导青睐。这不仅意味着要努力工作，还需要提高职场能见度，让领导看到自己。

然而，很多人对此存在误解，认为只要做好本职工作，领导自然就会发现我们的价值。他们觉得主动表现像是孔雀开屏般四处邀功，显得肤浅，甚至担心会引起他人反感，或者在领导面前成为笑柄。但事实是，机会不会主动找上门。领导事务繁忙，要兼顾事业和家庭的事务，很难注意到每一位默默无闻的员工。如果不主动表现，领导很难了解你的想法和能力。即便你能力很强，若不展现出对新平台、新机遇的渴望和勇气，领导也不敢轻易重用你。

那么，如何主动在领导面前表现自己呢？以下是一些方法。

一、定期高效工作汇报

每周或每月定期向领导进行工作汇报，不仅要列出工作任务和成果，更要深入分析工作中存在的问题、解决思路以及未来规划。用具体数据和事实说话，使汇报内容清晰明了。例如，在汇报销售工作时，我们可以这样说：“本月销售额达到了 × 万元，较上月增长了 ×%，这主要得益于我们新开拓的 × 个大客户以及优化后的销售策略。不过，在 ××（具体区域）的市场拓展中，我们遇到了竞争品牌的强力阻击。为此，我们计划通过 ××××（具体解决方案）来应对这一挑战，预计在下个月实现市场份额的进一步提升。”

二、主动请缨参与关键项目

当公司启动重要项目时，我们要密切关注项目动态，仔细分析自身技能与项目需求的匹配度。一旦发现契合点，就应主动找到领导，阐述自己对项目的理解、过往相关经验，并强调自己能为项目带来的独特价值，同时表达自己渴望参与项目并承担重要职责的强烈意愿。例如，领导正为一个新的营销项目发愁，而你曾成功策划过类似的活动，你就可以对领导说："我了解到这次营销项目旨在拓展年轻人的市场。我之前策划的××××（具体活动名称）成功吸引了大量年轻客户，我也因此积累了不少针对这一客群的营销经验。我非常希望能参与这个项目，为项目贡献自己的力量。"

三、提出创新性的工作建议

时刻关注公司的业务流程，思考如何进行优化和创新。一旦有了新的想法，就撰写详细的建议书，内容包括但不限于问题分析、创新方案、预期效果及实施步骤等；寻找合适的时机向领导汇报，以此展示你的创新思维和解决问题的能力。例如，你发现公司的客户服务流程存在效率低下的问题，于是向领导提出建议："目前，我们的客户服务流程中，客户反馈问题后需要经过多个部门协作才能得到解决，这导致响应时间较长，客户满意度下降。因此，我建议建立一个一站式客户服务平台，整合各部门资源，实现客户问题的快速响应和有效解决。预计实施后，客户满意度将提升×%，投诉率将降低×%。"

四、组织策划团队活动

主动承担组织团队活动的任务，如团队建设活动、培训分享会等。精心策划活动内容，确保活动既能增强团队凝聚力，又能展现你的组织协调能力和创新思维。活动结束后，及时向领导反馈活动效果和团队成员的反馈意见，让领导看到你的用心和能力。例如，你组织了一场别开生面的团队户外拓展活动，活动结束后，你向领导汇报："这次拓展活动得到了大家的积极参与和一致好评。通过一系列团队协作游戏，团队成员之间的沟通和协作变得更加顺畅，工作效率预计会得到进一步提升。从大家的反馈来看，这种活动形式非常受欢迎，我们后续可以定期组织类似的活动。”

五、积极参与行业交流

主动参加行业研讨会、线上线下论坛等活动，深入了解行业最新动态和前沿技术。参会后，认真整理所学知识和思考内容，向领导汇报行业新趋势对公司业务的潜在影响，并提出相应的建议。这不仅能展现你对行业的密切关注和学习能力，还能为公司提供有价值的信息和参考。例如，你参加完行业研讨会后，你可以对领导说：“这次研讨会聚焦于 ××（行业热点话题），我了解到行业内正兴起 ××（新技术或新趋势），这对我们公司的相关业务可能会带来 ××××（具体影响）。因此，我们可以考虑采取 ××××（具体应对措施），提前布局，抢占市场先机。”

六、助力同事解决难题

当同事在工作中遇到困难时，我们应主动伸出援手，凭借自己的专业知识和技能帮助他们解决问题。这不仅能加深同事之间的友谊，还能让领导看到你的团队协作精神和综合能力。在帮助同事后，我们可以适当地向领导提及解决问题的过程和成果，如：“我注意到 ××（同事名字）在 ××（项目名称）中遇到了 ××××（具体问题），我运用 ××××（专业知识或技能）与他一起分析并解决了这个问题。现在，项目已经顺利推进，预计能提前 × 天完成。”

不过，我们在主动表现时也要注意把握分寸。不能过分夸大自己的能力，避免承接无法完成的任务，避免让领导觉得自己爱吹牛、能力不足；同时，也不能在工作没有做好的情况下，过度注重参与文体活动等，以免给人留下不务正业、爱出风头的印象。

曾有研究人员将员工如何在工作中展现自我分成了四类。

一、明星型

这类员工能力出众，积极主动地展现自己，在工作中表现突出，能为团队带来显著价值，容易成为团队的焦点和领导眼中的红人。他们不仅具备扎实的专业技能，还善于把握机会，在关键时刻挺身而出，为团队解决难题。

二、老黄牛型

他们工作勤恳踏实，默默奉献，虽然不擅长主动表现自己，但凭借出色的工作业绩也能获得领导的认可，不过在职场中，他们的关注度相对较低。他们注重工作质量，以高度的责任心去完成每一项任务，是团队中不可或缺的稳定力量。

三、爱表现型

这类员工热衷于在各种场合表现自己，但有时可能过于追求表现形式，而忽略了工作的实际效果，容易给人留下浮躁、不踏实的印象。他们需要在展现自我和踏实工作之间找到平衡点，将精力更多地集中在提升工作实绩上。

四、隐形人型

这类员工几乎不主动展现自己，在工作中也没有突出表现，容易被领导和团队忽视，存在感极低。他们需要增强自我认知和自信心，主动寻找机会来展示自己的能力和价值。

了解完这四类员工的特质后，我们可以自我对照一下，看看自己属于哪一类型。这并非给自己贴上标签，而是以此为参照，更好地规划展现自我的路径。

如果自己是明星型员工，就要持续发挥优势，在保持出色业绩的同时，积极涉足更多的核心业务领域，主动承担具有挑战性的跨部门项目，以此提升自己的影响力，努力成为公司内多个业务板块的中流砥柱。

如果自己是老黄牛型员工，就需要在保持勤恳工作的基础上，提升表达能力，主动参与团队会议讨论，分享自己在工作中的经验和见解。在定期向领导汇报工作成果时，要突出自己的独特贡献，让领导更全面地了解你的价值。

如果自己是爱表现型员工，就需要静下心来，将更多的精力放在提升工作质量上。在提出想法和建议时，要确保方案既可行又成熟，用实际行动和成果来证明自己，而不是单纯追求曝光度，从而改变他人对自己的印象。

如果自己是隐形人型员工，则可以先从一些小机会入手，如主动报名参加公司内部的小型培训分享会，分享自己擅长领域的知识；积极接受团队内的小型任务，通过一次次小的成就逐步建立自信，吸引领导和同事的关注。

展现自我是一种积极主动的态度，它不拘泥于固定模式。人类拥有无限的创造力和适应力，只要我们树立起积极展现自我的意识，就能根据自身特点和职场环境，探索出最适合自己的展现方式，让领导看到自己的魄力与才华，从而为自己赢得更多的发展机会。

错误面前不慌张，勇敢承认错误，难中见担当

在职场漫长的征途中，错误总是如影随形，难以完全避免。哪怕计划得再周全，也总会有一些突如其来的意外状况，瞬间将我们打回原点。这是职场的常态，每个人都难免会犯错。

不少人心中存在这样一个悖论：“干得少错得少，干得多错得多。”从表面上看似乎如此，但如果为了避免犯错而畏缩不前，那就意味着主动放弃了许多展现自我和晋升的宝贵机会，这显然不是一种积极的人生态度。

那么，当错误降临时，我们究竟该如何应对呢？当发现自己犯错时，感到害怕和慌张是很正常的反应。此时，我们不妨先深呼吸，冷静几秒钟，在心里告诉自己：错误已经发生，慌张并不能解决问题，它已成为既定事实。然后，迅速调整状态，反思自己到底犯了什么错。

有些错误看似吓人，实则无伤大雅。例如，不小心把发给私人的消息发到了工作群，或是发错了邮件。遇到这类情况，第一时间撤回即可，千万不要陷入无尽的自责和懊悔中。过度纠结这些小失误只会浪费时间和精力。还有一些小错误，虽然也是失误，但实在算不上重要。例如，不小心把水洒在领导的椅子上，或是弄坏了办公室的小设备。这时候，只要自己

用心处理好就行，不会引发太大的风波。上述两种情况都属于可控的小错误，凭借个人的努力就能轻松弥补。

然而，职场中也存在一些后果较为严重的错误。当犯下这类可能影响工作前景的错误时，我们必须主动承认错误，勇于承担责任。

小孟就经历过这样的事情。公司安排小孟负责一位重要客户的合作项目，这个项目直接关系到公司能否与该客户达成长期战略合作，而一旦合作成功，将为公司带来可观的收益。然而，在项目执行过程中，小孟因一时疏忽，错误地预估了项目所需的时间，导致项目进度严重滞后。小孟心里十分害怕，他的第一反应不是承认错误，而是试图掩盖。他编造了各种借口，一会儿说合作方提供的资料不完整，一会儿又说同事配合不够积极。当领导询问项目进度时，他也总是含糊其词，企图蒙混过关。但纸终究包不住火，随着项目约定的交付日期即将临近，问题再也无法掩盖。当领导发现问题时，项目已经严重延误，客户十分不满，直接取消了长期合作意向，公司因此遭受了巨大损失。原本只是一个及时纠正就能解决的问题，却因为小孟的欲盖弥彰，最终发展成了难以挽回的严重后果。结果，小孟受到了公司的严厉处分，他在领导心中的形象也一落千丈。

其实，犯错后，作为普通人，确实容易找各种借口，如“我第一次做，经验不足”“今天太倒霉，运气不好”“同事不配合”等。这些虽然是客观原因，但在领导和同事眼中，却很容易被视为不敢承担责任，在给自己找借口。如此一来，领导会认为我们缺乏担当，甚至怀疑我们的能力。所以，一旦犯错，尤其是影响工作进度或质量的错误，我们必须迅速承认，并积极采取措施挽回。

影响工作的错误大致可分为两类。一类是小孟遇到的情况，虽然严重，但仍在可控范围内，仍有挽回的余地，只要及时上报，领导组织人手就能补救。另一类则是超出可控范围，已经造成巨大影响的错误。

一名年轻律师弄丢了代理单位的公章。公章的重要性不言而喻，一旦丢失，需要登报挂失，整个过程烦琐且会对单位的运营产生诸多不便，这无疑是一个极为严重的错误。

遇到这种情况，要第一时间找到领导，客观、如实地说明事情的来龙去脉，由领导决定后续的处理方式。此时，诚恳道歉即可，不要过度表达“愿意接受处分”之类的话，也不要一再道歉，以免适得其反。最重要的是提出补救方案，向领导表明自己正在努力挽回损失。但要注意，不能喧宾夺主，毕竟领导才是最终决策人，我们提出的方案仅供参考。同时，在领导面前要保持虚心，这是弥补错误的时刻，不是表现自己的时候，老老实实做好自己该做的事。

事情解决后，我们不能因为犯过错误就从此一蹶不振，做事畏首畏尾。人非圣贤，孰能无过？犯错是再正常不过的事情。即便犯了大错，也不必给自己贴上无法抹去的标签，觉得在同事面前抬不起头。想想看，哪怕是触犯法律坐过牢的人，都有改过自新的机会，我们在职场中犯的一些错误又算得了什么呢？我们要做的是努力工作，用出色的成绩来弥补曾经的过失，避免再次犯同样的错误。而且，在人员流动频繁的普通企业里，可能没过几年，身边的同事就会换一批。大家都忙于自己的工作和生活，没有谁会一直盯着你的过去不放，议论个不停。所以，我们不要给自己太大的心理压力。毕竟，我们是在为公司努力做事的过程中犯的错，接下来在工作中专注做事，努力创造价值并弥补就可以了。

第四部分

大胆交朋友，“主动”就是了

主动“凑”上去，朋友自然来

齐晓是一名普通白领，每天在公司和家之间奔波，生活单调乏味。他深受社交恐惧症和社交焦虑症的困扰，与人交谈时，总是不自觉地脸红，紧张感时刻伴随着他。久而久之，他越发抗拒与人交流，工作一结束就匆匆赶回家，将自己封闭起来。

其实在他的内心深处，十分渴望能交到朋友。每当看到别人成群结队，他的心中就充满了羡慕。从小到大，他的朋友屈指可数，这常常让他感到郁闷。他也知道“朋友多了路好走”的道理。朋友能拓宽人脉，带来合作机会，但他却不知道该去哪里找朋友，更不知道如何去结交朋友。就连每天接触最多的同事，他也觉得难以亲近，交友之路对他来说仿佛困难重重。

在生活中，有不少像齐晓这样的人。事实上，大家都明白交友的重要性，可往往在交友的起步阶段就感到为难。可是，如果我们总是蜷缩在职场和生活的角落里，把自己隐藏起来，那么别人根本就不会注意到我们，又怎么能有机会和我们成为朋友呢？要想交到朋友，关键在于大胆出击。以下这些方法，能帮助大家勇敢地迈出交友的第一步。

一、克服内心恐惧，勇敢开启交流

很多人在社交时会感到紧张害怕，这其实是很正常的现象。要克服这种恐惧，我们可以从一些小事做起。例如，在心里不断给自己加油打气，告诉自己“我可以的，大家都很友好”；出门前，整理好着装，对着镜子给自己一个微笑，提升自信心；与人交流时，可以选择一些轻松简单的话题开场，如天气、热门影视剧等，这样能有效减轻心理负担。当你勇敢地迈出第一步，就会发现社交其实并没有那么难。

二、微笑和打招呼，传递友好信号

每天上班时，主动向同事送上真诚的微笑，并热情地打招呼。一句简单的“早上好，你今天看起来精神不错”，就能让对方感受到你的善意。在电梯里、茶水间等场合遇到同事时，微笑点头示意，并简单寒暄几句。坚持这样做，彼此之间的距离会慢慢拉近。

三、适时释放善意，增进彼此感情

主动关心、帮助他人。无须花费太多精力，生活中的一些小事就能拉近彼此的距离。例如，同事生病时，发去一条温暖的问候消息：“听说你生病了，要多注意休息，有什么需要帮忙的，尽管说”；看到同事忙不过来时，主动搭把手，帮忙处理一些工作。一个关切的眼神、一句贴心的话语，都能让对方感受到你的善意，从而增进彼此之间的感情。

四、借助社交媒体，加深日常互动

社交媒体是很好的社交工具。看到同事或朋友在朋友圈分享的内容，可以积极点赞、评论，表达自己的兴趣。如果你对某个话题感兴趣，可以直接与同事或朋友私下展开深入交流。例如，同事分享了一部好看的电影，你可以评论："这部电影我一直想看，你觉得最精彩的地方是哪里？"或者发消息说："看你分享的电影，感觉很有意思，能不能给我讲讲你的观影感受？"如果觉得直接聊天有些尴尬，不妨用一些俏皮的表情包营造轻松的氛围，让交流更加愉快。另外，自己也要勤发朋友圈，分享生活中的点滴、兴趣爱好或者工作上的收获，让大家更好地了解你，增加互动的机会。

五、主动发起共同活动，创造相处机会

主动组织或参与一些小型的社交活动，是增进彼此感情的有效途径。例如，可以提议同事们一起点个下午茶，在品尝美食的同时愉快聊天；周末约上同事、邻居去公园散步、野餐，在轻松的氛围中加深彼此的了解；还可以组织线上的游戏活动，如一起玩手机游戏、在线桌游等，通过共同参与有趣的活动，建立更紧密的联系。

六、展示真实自我，吸引志同道合的人

在社交场合中，保持真实很重要。不要刻意伪装自己，可以大胆展现出自己的个性、喜好和价值观。例如，在团队讨论中，我们可以真诚地分享自己的观点和想法，即使和别人不同也没关系。当你真实地做自己时，你会吸引到那些欣赏你真实一面的人，并能够与他们建立起更真实、更深厚的友谊。

七、学会倾听与回应，提升交流质量

与人交流时，要专注地倾听对方讲话，用眼神和肢体语言表示你在认真聆听，如点头、保持适当的眼神接触等。对方讲完后，给予有价值的回应，可以是认同、补充观点，或者分享类似的经历。例如，对方分享了一次旅行经历，你可以回应："听起来好有意思！我之前去过类似的地方，也

有一些特别的体验，可以和你分享一下。”这样既能让对方感受到被尊重，又能进一步展开话题。

以上这些方法都很简单，关键是要勇敢地迈出第一步。大胆行动之后，再根据具体情况灵活应对，逐步扩展自己的社交圈。如果觉得其他社交技巧不好掌握，不妨把精力集中在将本职工作做到极致，成为业界的领军人物。当你足够优秀时，自然会有人主动来和你交朋友。毕竟，人们往往更愿意和优秀的人建立联系，即便有一些小缺点，也会因为你的优秀而被包容。所以，勇敢地跨出第一步，积极尝试这些方法，朋友就会在不经意间来到你身边，让你的生活变得更加丰富多彩。

心里话敞开说，关系“铁”得快

在生活的大舞台上，我们会发现每个人都是独一无二的个体，性格更是千差万别。有人天生大大咧咧，凡事不往心里去；有人却心思细腻，甚至敏感到了容易内耗的程度，别人一个不经意的眼神，都能在他们心中掀起惊涛骇浪，暗自揣测“他（她）是不是不喜欢我了”。后者敏感多疑的性格，在人际交往过程中，容易滋生出许多不必要的烦恼。

小莉就是一位心思细腻的女性。有一天，她穿了一件自己觉得不太合适的衣服出门。朋友看到后微微一笑，说道：“你今天怎么穿这件衣服哇？”就这么简单的一句话，却让小莉瞬间陷入了沮丧之中。她心里不停地想：“是不是我的穿衣打扮很糟糕？朋友是不是嫌弃我了？会不会以后都不想跟我做朋友了？”然而实际上，朋友或许只是单纯地对她的穿着感到好奇，并没有嫌弃的意思。

我们不妨推己及人，仔细想想：我们讨厌一个人，往往是因为对方做了让我们讨厌的事情。如果我们自己并没有做出类似的行为，就实在没必要无端猜测别人会嫌弃自己。心理学家指出，每个人都有自爱的本能，都渴望得到“他 / 她是个好人”这样的正面评价。当受到负面评价时，自尊心才会受到伤害。但这并不意味着别人会因为一些无关紧要的小事就嫌弃我们。

从小莉的经历可以看出，生活中的很多内耗其实都源于我们自己。人们常说，生活中的大部分烦恼都是自找的，就像给自己戴上了无形的枷锁。每个人的想法各不相同，过度在意他人的看法，只会让自己陷入无尽的痛苦之中。

在与朋友相处的过程中，如果产生了误会，或是觉得朋友的某些言行让自己不舒服，千万不要在脑海中反复琢磨、暗自神伤，最好的办法就是坦诚地把心里话讲出来，很多时候，只要我们诚恳地表达自己的感受和想法，那些看似难以跨越的隔阂就会瞬间烟消云散。

然而，有些人因为脸皮薄、性格敏感，即使心里有想法，也不好意思开口说出来。其实，脸皮是可以“练厚”的。心理学上有个著名的皮格马利翁效应，该效应源自一段神话故事，讲述的是一名叫皮格马利翁的国王，他用象牙精心雕刻了一座美丽的少女雕像，并对她倾注了全部的爱与期望，日复一日地想象她活过来的样子。在阿芙洛狄忒的帮助下，这份强烈的期待竟然真的产生了神奇的效果——少女雕像复活了！这个传说启示我们，我们可以成为自己的“皮格马利翁”，通过不断暗示自己，逐渐成为期待中的样子。例如，如果你深受内耗之苦，不妨每天在心里默默告诉自己：“我是一个内心强大、不内耗的人，有什么想法都能坦诚地说出来。”久而久之，你会发现自己逐渐变成了那个期待中的模样。

想要更有效地敞开心扉与朋友交流，可以运用一些实用技巧。

一、选择恰当时机

当朋友心情愉悦、较为放松时，他们更愿意倾听和交流。例如，在朋友完成了一项重要任务、取得成就时，或者在一场轻松的聚会之后，我们可以适时引出你想要谈论的话题。如朋友刚在工作中出色地完成了一个棘手的项目，你可以说："你这次工作完成得太棒了！我真为你高兴。其实我最近也有个工作上的小烦恼，想跟你取取经。"

二、注意表达方式

先肯定对方，再表达自己的感受或想法。例如，如果你觉得朋友最近忽略了你，不要直接指责说"你最近都不理我"，而是可以这样表达："我一直都很珍惜我们的友谊，你对我来说特别重要。但最近我感觉我们的交流变少了，我心里有点失落。"这种方式更容易让对方接受，也能避免引发不必要的冲突。

三、借助具体事例

阐述观点时，结合具体事例能让朋友更好地理解你的想法。例如，你和朋友对某部电影看法不同，你可以说："你还记得我们一起看的那部电影吗？电影里主角选择放弃梦想的那段情节，我觉得有点不符合逻辑，因为前面的情节一直展现他是一位很有追求的人。你是怎么想的呢？"

四、控制情绪

交流时，要保持冷静和理智。如果带着愤怒、不满等负面情绪，容易让对方产生抵触心理。即使讨论的是让你生气的事情，也要尽量平和地表达。例如："你上次说的那句话，当时真的让我挺难过的。我知道你可能不是故意的。能不能和我说说你当时的想法？"

请记住，心里话要敞开说。这样做不仅能驱散人际关系中的阴霾，还能让彼此的关系更加紧密。勇敢地迈出这一步，你会发现，友谊的天空会更加晴朗。

聚会别当小透明，勇敢控场你最行

在职场社交场合里，很多人会选择沉默，甘当“小透明”，并不是因为他们能力不足，而是缺乏相应的锻炼。例如，如果我们不擅长说祝酒词，可以上网查找适合各种场合的话语，加以整理并熟记。这样，下次再遇到类似情况，就能派上用场了。只要平时多加练习，大胆行动，每个人都能在聚会中展现出不一样的自己。而要做到在聚会中自信控场，可以从以下几个方面入手。

一、培养自信

（一）做好充足准备

提前了解聚会的主题、参与人员及其背景信息，这样你在交流时就能有话可说。例如，参加行业交流聚会时，提前了解行业最新动态和热点话题，这样在聊天时你就能自信地发表见解。

（二）积累成功经验

可以从一些小的社交场合开始锻炼自己，如参与小组讨论或朋友间的小型聚会。每次成功的交流都是一次宝贵的经验积累，会让你逐渐变得更加自信。当你在这些小场合中能够自如地表达后，面对大型聚会时也将更加从容不迫。

二、掌握控场技巧

（一）领导组织聚会

开场融入：当领导开场致辞时，专注聆听，适时点头微笑以表示认同。致辞结束后，要带头鼓掌，并大声说：“讲得太精彩了！让我们对新一年的工作充满斗志！”这样不仅能迅速调动现场气氛，还能给领导留下积极的印象，为后续的交流开个好头。

祝酒环节：当领导主动向大家敬酒时，立刻起身，双手举杯，身体微微前倾，目光真诚地望向领导说：“领导，非常感谢您一直以来对我们的栽培。新的一年，我们一定紧跟您的步伐，把工作干得更好！敬您！”如果轮到自己向领导祝酒，要提前组织好语言，你可以这样说：“领导，恭喜您最近成功完成了××（项目名称）。这个项目难度那么大，但您完成得这么漂亮，我们都非常佩服。新的一年，祝您万事顺遂，身体健康！我敬您！”

话题交流：在交流工作话题时，要积极分享自己的工作成果和遇到的问题。你可以说：“领导，我负责的××（项目名称）已经完成了××阶段，取得了××（成果）。不过，在××（具体环节）上遇到了一些困难，想听听您的意见。”当领导给出建议后，要认真记录并表达感谢：“太感谢您了，您的建议非常中肯，我回去就按照您的建议进行调整。”当领导分享行业见解时，可以适时提问：“领导，您刚才提到的××（行业观点）很新颖，我想问问，您认为这对我们接下来的业务会产生哪些具体影响呢？”这样既能引导领导深入讲解，也能展示自己的思考。

化解分歧：在讨论工作方案时，如果同事与领导意见不同，气氛变得紧张，你可以这样化解矛盾："领导，××（同事名字）提出的这个想法很有创意，从××（同事观点的优势角度）来看，确实有其独特之处。不过，您的方案在××（领导方案的优势角度）上更贴合公司目前的战略方向。我想，我们能不能尝试将两者结合起来，如在××（具体环节）上采用××（同事观点的部分内容）？这样既能保留创新点，又符合公司的整体规划。您和××（同事名字）觉得呢？"通过这种方式，既能够巧妙化解分歧，又能维护和谐氛围。

（二）朋友组织聚会

活跃气氛：到达聚会地点后，热情地和每一位朋友打招呼，并送上小礼物："好久不见啦！这是我特意给你带的××（小礼物名称），快看看喜不喜欢？"当大家有些拘谨时，主动提议玩破冰游戏："咱们别干坐着呀，来玩个'你画我猜'怎么样？输的人可要表演节目哇！"这样，现场的气氛很快就会活跃起来。

祝酒时刻：开场祝酒时，举起酒杯，笑着说："今天能聚在一起真的太不容易了，非常感谢××（朋友名字）组织这场聚会。新的一年里，愿我们的友谊更加深厚，无论遇到什么困难，大家都能互相支持，共同面对。干杯！"若向寿星朋友祝酒时，我们可以说："××（寿星名字），生日快乐！又长大了一岁，愿你在新的一岁里，所有的愿望都能实现，每天开开心心的。这杯酒，我敬你！"

话题互动：聊到旅游话题时，可以分享自己的旅行趣事："我上次去××（旅游地）的时候，遇到了一件超级搞笑的事情。有个当地人带我们走小路，结果他自己都迷路了……"这样的话能引发朋友们的笑声和分享欲。当朋友分享烦恼时，认真倾听，并给予安慰，"别不开心啦，这点小事难不倒你的。如果需要帮忙，我们都在这里呢!”

处理状况: 朋友之间因为玩游戏产生了小争执，如对游戏规则有了分歧，你可以笑着打圆场:“哎呀，别争啦，游戏规则都是人定的，咱们玩得开心才是最重要的。要不这样，这次咱们就按 ××（折中的规则建议）来，这样既能保证公平，又能让游戏继续进行。大家觉得怎么样?”这样的话能及时化解矛盾，让聚会继续欢乐地进行下去。

（三）应对突发状况

说错话补救: 如果在聚会中不小心说错话，第一时间真诚道歉:“实在不好意思，我刚刚表达有误，我的意思是……”随后，用简洁、清晰的语言重新阐述正确观点，将话题拉回正轨。如果言语冒犯到他人，私下诚恳地再次致歉并解释缘由:“真的很抱歉，我不是故意的。我当时一时冲动说错了话，希望你别往心里去。”

突发事件处理: 例如，聚会时突然停电，要保持冷静，安抚大家的情绪:“别慌，估计是临时故障，我去问一下工作人员。”然后主动联系相关人员解决问题。如果现场有人身体不适，要迅速询问其状况:“你感觉怎么样?哪里不舒服?”并协助寻找药物或拨打急救电话。

中途离场补救: 如果不得不中途离场，应该提前向组织者说明情况并诚恳道歉:“××（组织者名字），实在不好意思，我突然有点急事，得先走一步。今天玩得特别开心，真的很感谢你组织这次聚会。”然后，再向周围的人简单告别:“兄弟们 / 姐妹们，我有点事得提前撤了，你们继续玩得开心哪!”事后，可以给大家发消息表达遗憾:“今天走得太匆忙，都没好好和大家聊天，下次咱们再聚!”

在职场和生活中，聚会是拓展人脉、加深情感的重要场合。当然，每次聚会的场景和参与者都不尽相同，无法在一篇文章中涵盖所有情况。但这里为大家提供的上述思路和方法，只要平日里查阅相关资料，学习一些通用话术，大胆地去实践，不断地练习，你也能在聚会中大放异彩，成为社交达人，收获更多的机遇与美好情谊。

“厚”着脸皮化解矛盾，展现豁达胸怀和气度

阿峰和嘉豪是一对好兄弟，两人常常一起打篮球、玩游戏，分享生活中的点点滴滴。然而，一次意外的情况让两人产生了误会。阿峰所在的公司组织了一次团建活动，时间恰好与嘉豪早就计划好的生日聚会冲突了。阿峰来不及跟嘉豪详细解释，只能先去参加团建。嘉豪得知这个消息后，心里特别难受，觉得阿峰不重视自己的生日，于是在电话里冲阿峰发火:“你怎么这样? 我生日这么重要的事，你都能忘! 你眼里到底还有没有我这个兄弟?” 阿峰当时正在团建现场，周围人很多，他也不好多解释，心里还觉得嘉豪不理解自己工作的难处。就这样，两人因为这次误会闹僵了。

朋友之间产生矛盾是很正常的事情。我们每个人的成长轨迹和生活习惯各不相同，因此，在面对同一件事时，往往会有不同的看法和选择。就像阿峰和嘉豪，阿峰认为工作团建很重要，而嘉豪则更看重自己的生日聚会，这种差异就很容易引发矛盾。有时候，沟通不畅还会进一步加剧矛盾。例如，阿峰没及时向嘉豪解释团建的事情，导致嘉豪误解了他的意思。此外，朋友间闹矛盾还常常容易出现归因错误：仅仅因为朋友一次的异常表

现，就对其人品产生怀疑，忽略了背后可能存在的特殊原因。更糟糕的是，如果有人在中间传播不实信息，那么朋友之间的误解就会越来越深。

面对矛盾，人们的反应各有不同。有的人性格内向，担心主动沟通会让矛盾进一步升级，因此选择沉默，就像阿峰一开始想的那样，想等嘉豪气消了再去解释。有的人则认为主动低头是丢面子的事情，会让自己在这段关系中显得弱势，好像承认了自己的过错与软弱。然而，主动化解矛盾并不是示弱的表现。真正的友谊是建立在相互理解和包容的基础之上的，先迈出和解的那一步，恰恰体现了你对这段友情的珍视，以及你愿意为维护它而付出努力的态度。主动解决矛盾并不意味着你承认自己理亏，而是展现了你有足够的智慧和胸怀去直面问题，以积极的方式去修复和维护这段关系。

那么，我们到底该怎么化解朋友间的矛盾呢？

我们可以借鉴前面内容里提到的一些技巧，如选择合适的时机。等双方情绪都冷静下来后，找一个轻松的环境进行交流。例如，嘉豪生日过后几天，阿峰可以约嘉豪去他们常去的篮球场。打完球休息时，气氛轻松，正是化解矛盾的好时机。

也可以试着用“我”开头说话，多表达自己的感受，而不是指责对方。阿峰可以说：“嘉豪，我没去你的生日聚会，我知道你很生气，我心里也很难受。我不是不重视你，只是当时公司团建实在走不开。”

同时，在交流过程中，我们还需要站在对方的角度思考，表达理解与共情。阿峰可以接着说：“我知道生日对你很重要，没能陪你庆祝，是我不对。要是我提前跟你说清楚，就不会这样了。”

此外，送小礼物表明心意也是一个小妙招。一份贴心的小礼物可以传递歉意和关怀。例如，阿峰可以送嘉豪一个他一直想要的动漫人物模型，并附上一张纸条：“兄弟，别生气啦，送你这个，希望我们还像以前一样好。”

如果直接交流有困难，还可以找共同的朋友从中调和。例如，让两人都信任的另一位朋友组织一次聚会，在轻松愉快的氛围中，给双方一个重新沟通、化解矛盾的机会。

当面对面交流容易引发情绪波动时，我们可以选择写一封信或者发一封邮件，有条理地阐述自己的想法和感受。这样既能避免即时交流中的冲动，也能给对方足够的时间去思考和接受我们的观点。

最重要的是，矛盾化解后，就不要再提旧事。总是揪着过去的不愉快不放，友情很难维持下去。我们应该学会放下，这既是给对方一个机会，也是对自己的一种善待。只有这样，我们的友情才能更加稳固长久，而我们也能在这个过程中展现出豁达的胸怀和气度。

“厚”着脸皮融入陌生圈，拓展人脉不是难事

在当今社会，人脉的影响贯穿于我们生活的方方面面和个人发展的全过程。

晓峰的学历并未达到本科，在学历内卷日益严重的大环境下，这样的条件在求职市场上显然并不占优势。然而令人惊讶的是，他如今却在某互联网行业巨头公司任职。

众所周知，那些互联网行业巨头公司，招聘门槛极高，通常都是研究生、博士生等高学历人才的聚集地。按常理来说，晓峰连获得面试的机会都很难。但他却成功地突破了这一限制，而这背后，人脉起到了至关重要的作用。

晓峰在大学期间热爱画漫画，他撰写漫画剧本并在网络上发表，逐渐积累了一定的名气，也因此结识了许多志同道合的朋友。他们一起组建了工作室，共同追求漫画梦想。一次偶然的机会，工作室接到了该公司的外包项目。在合作过程中，晓峰凭借出色的工作能力和积极的态度，给该公司的项目对接人留下了深刻的印象。最终，他获得了“内招”的名额，成功入职，开启了令人羡慕的职业生涯。这便是人脉强大力量的生动体现，它能打破常规的限制，为

我们开辟出意想不到的发展道路。

不少年轻人对拓展人脉存在误解，认为主动融入陌生圈子、结识他人是一种“厚脸皮”的行为，甚至将其等同于“拍马屁”或“阿谀奉承”，因此心生抵触。其实，这是一种片面的认知。在许多行业中，拓展人脉是正常且必要的。例如，在销售行业，业务员需要不断结识新客户，才能提高业绩；在艺术领域，画家、音乐家需要通过社交活动认识画廊老板、音乐制作人等，才有机会展示自己的作品、举办演出。拓展人脉，并不意味着我们要无底线地讨好他人，而是应该建立在平等、尊重和互利共赢的基础上进行人际交往。

那么，我们该如何不卑不亢地拓展人脉呢？以下是一些实用技巧。

一、参加行业活动

关注各类行业论坛、研讨会、展会等活动，这些活动汇聚了大量同行、专家以及潜在的合作伙伴。在参加之前，提前了解活动主题和嘉宾信息，有针对性地准备一些问题或观点。到达现场后，主动与周围人交流，分享自己的见解，并交换联系方式。例如，在一场互联网技术研讨会上，你可以就当下热门的人工智能话题与他人展开讨论，表达自己独特的看法，给对方留下深刻印象。

二、利用社交媒体

领英、知乎、抖音等平台都是拓展人脉的绝佳渠道。在领英上，你可以完善个人资料，展示工作经历和专业技能，关注行业领袖和感兴趣的公司，并积极参与相关话题的讨论；在知乎上，认真回答专业问题，树立自己在某领域内的专业形象，从而吸引他人的关注；在抖音上，则可以通过发布具有专业内容的短视频，吸引志同道合的人私信交流。通过这些线上交流方式，你可以与行业内的人建立联系，再逐步将这些线上关系转化为线下人脉。

三、校友会、老乡会

利用学校的校友网络或老乡会等组织，定期参加聚会交流。相同的母校或家乡背景让大家天然亲近，更容易产生共鸣。在聚会中，大家可以分享各自的职业发展和生活经历，互相提供帮助和支持。例如，你可以通过校友聚会了解到校友所在公司的招聘信息，从而获得内推机会；或者老乡之间可以互相介绍本地的资源和人脉，助力彼此的发展。

四、寻求导师指导

首先，明确自己的目标领域和期望提升的方向。然后，通过行业活动、社交媒体等渠道搜索相关领域的专家，查看他们的履历、成就以及发表的观点，筛选出与你理念契合、经验丰富的潜在导师。接下来，你可以通过领英等平台发送私信，简洁明了地介绍自己的情况，表达对对方的敬仰以及希望获得指导的真诚意愿；也可以在行业活动结束后，礼貌地向心仪的导师请教问题，并表达想保持联系的想法。如果能得到回复，要及时、礼貌地回应，把握交流的机会。

当人脉成功拓展后，维护人际关系同样至关重要。具体来说，有以下几种策略可供选择。

一、关注对方的兴趣爱好

在交流过程中，我们要留意对方提及的兴趣爱好。例如，如果对方喜欢阅读，你可以在下次交流时分享一本最近读到的好书；如果对方热爱运动，就聊聊近期的体育赛事或健身心得。共同的兴趣爱好可以拉近彼此间的距离。

二、保持定期的联系

建立人脉联络表，记录下对方重要的日子，如生日、入职纪念日等，并在这些特殊时刻送上真诚的祝福。平时也可以每隔一段时间，通过短信、微信或邮件问候对方，分享行业动态或有趣的见闻，保持持续的互动和交流。

三、提供有价值的帮助

关注对方的动态和需求，当你有相关资源能够帮助到对方时，主动伸出援手。例如，如果得知对方正在寻找某类资料，而你恰好有获取渠道时，就可以及时提供给对方；在你擅长的领域里，若对方遇到困惑，你可以主动为他们答疑解惑，以此展现你的价值。

四、组织线下活动

你可以不定期地组织一些小型聚会或户外运动，邀请人脉圈子里的朋友们参加。在轻松愉快的氛围中，大家可以更深入地了解彼此，增进感情，巩固人脉网。例如，你可以组织一次户外野餐，让大家在自然的环境中放松身心，交流互动，从而加深友谊。

总之，人脉拓展并非一蹴而就，它需要时间的沉淀和持续地用心经营。每一次与他人的真诚交流，都是在为自己编织一张庞大的人脉网络。“厚”着脸皮勇敢地迈出第一步，融入陌生的圈子，你会发现自己的视野因此而不断拓宽，机遇也接踵而至。不要害怕暂时的拒绝或尴尬，因为每一次社交经历都是一次宝贵的成长历练。通过持续运用上述技巧，不断积累和维护人脉，你将在人生的道路上获得更多的助力，最终实现自己的价值与梦想。

勇敢展示形象，提升社交魅力

在社交场合中，良好的形象是一张有力的名片，能迅速拉近与他人的距离，为交流奠定良好的基础。想要通过展示形象来提升社交魅力，就需要根据不同场合的特点，从着装、妆容、言行举止等多个方面打造适宜的个人形象。

在家庭聚会这一充满亲情与温馨的场合中，着装应以舒适、具有亲和力为主。男士可以选择面料柔软的针织衫搭配牛仔裤，女士则可以穿上宽松的棉质连衣裙或舒适的家居套装。颜色方面，以柔和的暖色调为主，像米黄、淡粉、浅咖等，传递出温暖与放松的感觉。妆容方面，男士保持面部清爽干净即可，女士则可以化个淡妆，提亮肤色、修饰眉形，展现出自然的好气色。言行方面，要多表达对家人的关心和爱意，耐心倾听长辈的话语，与晚辈积极互动，分享生活中的点滴，营造出其乐融融的家庭氛围。例如，可以陪着老人聊聊他们年轻时的故事，和孩子们一起做游戏，展现出自己温暖、有爱的一面。

朋友聚会的氛围轻松自由，着装可以充分展现个性与时尚。男生可以选择印花 T 恤搭配个性的工装裤，女生则可以穿上俏皮的短裙或个性的破洞牛仔裤搭配特色上衣，展现出青春活力。配饰方面，戴上时下流行的鸭舌帽或佩戴个性的项链、手链，能瞬间提升时尚感。妆容方面，男生可以使用简单的护肤品保持良好的皮肤状态，女生则可以化出更具个性的妆容，大胆撞色的眼影或独特的唇色，都可以展现自己的独特风格。交流时，要保持真诚和热情，积极参与话题，分享有趣的经历和想法，尽情展现自己开朗、有趣的一面，让朋友们感受到你的真心和活力。

在商务场合，着装应注重专业与稳重。男士可以选择剪裁合身、款式经典的深色西装，搭配素色领带，如黑色或深蓝色西装搭配白色或浅蓝色衬衫，再配上低调的领带，尽显专业与干练；女士则适合穿着简约的西装套裙或干练的裤装，颜色以黑、白、灰、深蓝等稳重色调为主，避免过于花哨或夸张的设计。妆容方面，男士应保持面部整洁，可适当使用护肤品来提升整体形象；女士则以淡雅妆容为宜，突出自然的好气色。配饰方面，应选择简约且有质感的款式，男士可佩戴精致的商务手表，女士则可搭配小巧的珍珠耳钉或设计简约的项链，增添一份精致感。肢体语言方面，应保持挺拔的身姿，站立时抬头挺胸，展现出自信的神态；坐下时避免跷二郎腿；眼神应专注且自信，与他人交流时正视对方的眼睛，以此展现尊重与自信。

在正式宴会场合，着装要求更加严格。男士应身着正式的礼服，如黑色燕尾服搭配领结，彰显庄重与典雅；女士则应选择华丽的晚礼服，无论是拖地长款还是及膝修身款，都能展现独特的风采。颜色方面，可选择高贵的酒红色、深邃的宝蓝色或闪耀的金色等，以凸显气质与审美。妆容与发型方面，男士应发型整洁利落，可适当使用发胶进行定型，展现干练的形象；女士则应妆容精致，突出眼妆和唇妆，打造迷人的气质，发型则可选择优雅的盘发或大波浪卷发。在社交礼仪方面，需格外注意言行举止的优雅，务必使用礼貌用语。与他人交谈时，声音应轻柔，姿态需优雅；向他人敬酒时，应微微欠身，眼神真诚，诚挚地表达祝福之意。

参加学术研讨会时，着装需展现出知性与严谨。男士可以选择休闲西装搭配素色衬衫和图案简约的领带，以展现专业形象；女士则可选择简约的连衣裙或西裤搭配衬衫，颜色以素色或冷色调如灰色、藏青色等为主，体现沉稳与专业。发型方面，男士应保持干净整洁；女士则可将头发扎成低马尾或盘成发髻，显得干练专业。配饰方面，选择简单的眼镜、手表即可，避免佩戴夸张饰品。交流时，应使用专业术语准确表达观点、认真倾听他人发言，并适时提出有价值的问题或见解，展现自己在学术领域的钻研精神和专业素养。

在户外运动时，如登山、骑行等，着装要以舒适和功能性为主。男士可选择专业的运动速干衣裤，搭配透气的运动鞋和运动帽；女士也可选择运动套装，若参与有防晒需求的运动时，还可配备防晒衣和遮阳帽。妆容方面，男士无需过多修饰；女士则可使用具有防晒功能的轻薄护肤品。在活动中，应展现积极向上、充满活力的一面，主动帮助他人，共同克服困难。例如，登山时帮同伴背包、鼓励体力不支的伙伴，展现出团队合作精神和热情友善的态度。

在艺术展览这类文化氛围浓厚的场合，着装可以彰显独特的审美与艺术感。男士可选择具有设计感的衬衫搭配休闲西裤，或选择有特色的毛衣搭配牛仔裤；女士则可穿复古风格的连衣裙，或选择个性的衬衫搭配半身长裙。颜色方面，可以尝试具有艺术感的撞色组合，如橙色与蓝色、绿色与紫色等，或选择富有艺术气息的莫兰迪色系。配饰方面，可选择具有艺术元素的项链、耳环，如几何形状、抽象图案等，增添艺术气息。参观过程中，应轻声交流对作品的见解，尊重他人的观点，展现出自己对艺术的热爱和较高的审美水平。

总之，无论身处何种场合，我们都应勇敢地展示自己精心打造的形象。通过用心塑造不同场合的形象，我们不仅能给他人留下良好的第一印象，更能在社交互动中展现独特的魅力。形象虽然不能直接决定人际关系，但它能为我们创造更多交往的机会，使我们在人群中脱颖而出。良好的形象对社交生活至关重要，它能为我们的社交之路增添色彩，让我们的人生体验更加丰富多彩。

第五部分

感情中大胆行动，从“心”就对了

爱就要勇敢说出来，别给自己留遗憾

苏然和林悦都是大学辩论社的成员。初次见面时，林悦在辩论场上妙语连珠、自信闪耀，苏然瞬间被她深深吸引。此后，苏然总是默默地关注着林悦。林悦准备辩题时，苏然会悄悄地帮她收集资料；林悦在台上发言时，苏然的目光也是紧紧追随着她。

社团团建时，苏然总是找机会坐在林悦身旁，但每次想开口表达关心，话到嘴边又咽了回去。苏然的内心十分纠结。一方面，他对林悦的喜欢日益深厚，渴望能够坦诚地表达自己的感情，与她共谱美好的恋曲。另一方面，他难以克服表白的恐惧，他害怕一旦表白被拒，自己会颜面尽失，而且作为一名男生，那种被拒绝的挫败感会让他觉得自尊心受到严重打击，仿佛自己的能力与价值被全盘否定。除此之外，他心底始终有个执念——认为自己家境普通、尚未功成名就，林悦或许根本看不上自己。

日子一天天过去，苏然始终鼓不起勇气迈出告白那一步。林悦对苏然的心意毫无察觉，见他态度暧昧不明，渐渐也认为苏然对自己并无特殊感情。毕业后，大家各奔前程，苏然和林悦的联系也越来越少。直到某一天，苏然从好友那里得知林悦即将步入婚姻的殿堂。那一刻，苏然心中充满了酸涩与懊悔，他终于明白，自己错过了一段可能无比美好的感情。

在感情中，许多男生像苏然一样，由于害怕被拒绝而不敢表白。长期以来，社会对男性有着必须“竞争、强大、追求更高的社会地位”等刻板期待，这使得男生一旦表白失败，不仅会感情受挫，更会觉得自尊心受到重创——仿佛被拒绝就意味着自身价值被贬低。这背后其实是一种过度在意自我表现的心理在作祟。更值得注意的是，部分男生还受到社会某些固有观念的误导，认为只有拥有财富与地位，才配赢得心仪女生的青睐。然而，爱情远非如此简单，若按照这种逻辑，那爱情便沦为了物质与地位的附属品。事实上，多数女生接受爱意，往往是因为双方价值观契合、相处融洽，或是纯粹被对方吸引；而拒绝也未必是针对个人，可能只是因为不合适、聊不到一起，又或者当下无心恋爱、已有心仪之人，这些并非是对男生个人的全面否定。毕竟，优秀的评判标准因人而异，每名女生的喜好各不相同。

从女生视角来看，表白被拒并不会让她们怀疑自身的优秀，反而可能觉得是对方不懂得欣赏。但男生却常常因此深陷自我否定的泥沼。因此，还有一类人，由于性格内向怯懦，担心表白失败后相处会变得尴尬，于是选择以朋友的身份默默守护。然而，我们必须明白，人的一生可能会对不同的人产生好感，并非只会爱一个人。当对某人萌生爱意却不敢表白时，不仅会默默消耗自己的时间与精力，还可能错失其他潜在的缘分。更重要的是，当我们对一个人产生爱意时，内心真正渴望的是发展一段亲密关系，而不仅仅是维持朋友关系。

缘分，本就因稀缺而珍贵，它悄然将茫茫人海中的两个人牵引到一起，让彼此有了交集。若对方恰好也怀揣着同样的喜欢，那更是难得的福分。

每一次相遇，都像是无数偶然交织的奇迹；每一份心动，都承载着生命中独特的温暖。然而，有些人却因为害怕、误解或无端的揣测，将这份爱深埋心底，任其在岁月的长河中渐渐枯萎——这难道不是最令人惋惜的事情吗？不要让犹豫和怯懦成为你追求幸福的阻碍，至少应该勇敢地表达你的爱。即使结果不尽如人意，但在多年后回首往事时，你可以坦然地说："我曾经勇敢地尝试过。"这样心中才不会留下遗憾。要知道，真正的遗憾，不是爱而不得，而是明明有机会，却未曾勇敢地尝试去表达那份喜欢。所以，大胆地说出那句"我喜欢你"，为了那份可能的幸福，为了不留遗憾的人生。

感情有裂缝，低头也是另一种勇敢

一个明媚的夏日午后，林默然驾车行驶在沿海的公路上。车载音箱里响起了熟悉的旋律:“倘若那天，把该说的话好好说，该体谅的不执着……”旋律一响，他的视线瞬间模糊，不得不将车停在路边调整情绪。十年前的那个夏天的记忆，如同潮水般涌来，他和苏晴的故事仿佛就在昨天。

他们相识于大学的图书馆，相恋于樱花纷飞的浪漫季节。毕业后，两人选择留在同一座城市打拼。然而，那年的争吵却来得十分突然，仅仅因为林默然忘记了俩人交往三周年的纪念日。苏晴觉得他不够重视这段感情，而林默然则认为她有些小题大做，两人谁也不肯先低头，关系就这样一直僵持着。直到有一天，苏晴拖着行李箱站在门口，告诉他自己要去国外深造，林默然想说些挽留的话，但终究没能说出口。

十年过去了，林默然已经事业有成，但心中始终无法释怀当年那个倔强、不肯先低头的自己。他常常想，如果当时能放下所谓的面子，主动示好，或许结局会截然不同。就像歌词里唱的:“倘若那天，把该说的话好好说……”可惜，人生没有如果。

这个故事告诉我们：在感情中，有时候先低头，反而是维系关系的关键。在爱情的舞台上，我们常常被自尊心束缚——宁愿错过，也不愿先低头认错。这种看似维护尊严的做法，可能让我们错失修复感情的最佳时机。感情出现裂缝时，主动示好、低头认错并不是懦弱的表现，而是一种更深层次的勇敢和担当。

很多人害怕先低头，是因为担心失去主动权，害怕被对方看轻。这种心理实际上源于对自尊的错误理解。真正的自尊不是永远不犯错，而是能勇敢地承认错误并改正它。就像一面镜子，只有擦去灰尘，才能照见真实的自己。在感情中，主动示好就像擦镜子的动作一样，不是示弱，而是为了让关系更清晰、明朗。

要克服低头的心理障碍，关键在于重新定义“低头”的含义。“低头”不是认输，而是珍惜；不是妥协，而是成长。想象一下，当你主动示好时，你实际上是在为这段感情投资，用行动展示你对这段关系的重视和在意。这种投资带来的不是损失，而是收获——获得更深刻的理解和更牢固的感情。

在爱情中，想要克服先低头的心理障碍，需要进行系统的心理调适。接下来分享一些实用方法，帮助我们在感情出现裂缝时，勇敢地迈出第一步。

一、写一封不会寄出的信

拿出纸笔，写下所有你想说的话。不必斟酌措辞，也不必担心后果，只是纯粹地表达自己的感受。写完后，你会发现自己的思路已经厘清，情绪也得到了释放。

二、设定“示好预算”

给自己设定一个“示好预算”，如每周可以主动示好三次。这样既不会让自己觉得太被动，又能保持主动沟通的习惯。

三、使用“三明治沟通法”

沟通时，先表达对对方的理解，然后再说出自己的想法，最后以积极的期待结束。例如：“我知道你很在意纪念日（理解），我确实疏忽了（表达），下次我们一起去你一直想去的餐厅庆祝，好吗（期待）？”

四、创造轻松的示好机会

不必一开始就谈严肃的话题。可以先从分享一个有趣的视频开始，或者做一道对方喜欢的菜。让示好成为一种自然的情感流露，而不是刻意的道歉。

五、建立“示好日记”

记录每次自己示好的经历——自己说了什么、对方的反应以及自己的感受。定期回顾这些记录，你会发现主动示好并没有想象中那么难，反而能带来意想不到的收获。

六、练习“一分钟示好”

设定一分钟的倒计时，在这段时间里，全心全意表达你的善意。你可以发一条关心的短信，或者简单地对对方说声“对不起”。把示好行为分解成小步骤，这样能有效降低你的心理压力。

七、设计“示好仪式”

创造一种专属于你们之间的独特示好方式。例如，准备一个特别的杯子，每当一方想要向另一方示好时，就用这个杯子为对方泡一杯茶。这种仪式感能让示好行为变得既温馨又特别。

最后，我们要记住一个真理：在爱情中，最大的输家从来不是那个先低头的人，而是那些因骄傲而失去所爱的人。主动示好并不是认输，而是选择了幸福。当我们学会了放下无谓的“面子”，愿意先低头去争取幸福时，或许那一刻，我们才能真正领悟如何勇敢地去爱。毕竟，在爱情的世界里，重要的不是谁对谁错，而是两个人能否携手走过风雨，共同成长。

做朋友有担当，友谊地久天长

陈远山和陆明川是大学同学，毕业后都留在了上海打拼。十年间，他们每个月都会抽时间在思南公馆附近的咖啡馆小聚，分享各自创业的艰辛与收获。在外人眼中，他们是志同道合的挚友，情谊深厚。然而，一场突如其来的变故，却对这段友谊进行了严峻的考验。

陈远山的科技公司因资金链断裂濒临破产，与此同时，妻子又刚生下二胎，房贷和车贷的压力让他倍感沉重。他鼓起勇气向陆明川求助，希望能借一笔资金来渡过难关。然而，电话那头的陆明川却支支吾吾，以自己最近投资失败为由，表示帮不上忙。更让陈远山心寒的是，从那以后，陆明川的电话再也打不通了，微信也不回。曾经无话不谈的朋友，就这样在他最需要帮助的时刻悄然消失。

这个故事揭示了友谊中一个残酷的真相：没有担当的友谊，经不起现实的考验。真正的担当，不是在顺风顺水时称兄道弟，而是在风雨飘摇时挺身而出。担当意味着在朋友最需要的时候，能够放下自己的顾虑，毫不犹豫地伸出援手。

担当的真谛，在于始终将朋友的利益放在心上。这不仅仅是物质上的支持，更是精神上的陪伴与鼓励。当朋友遭遇挫折时，一句“有我在”胜过千言万语；当朋友迷茫时，耐心的倾听与合理的建议是最好的礼物；当朋友犯错时，善意的提醒和包容是友谊持久的秘诀。

在职场中，担当同样重要。当同事遇到困难时，我们应主动伸出援手；当团队面临挑战时，我们要勇于承担责任。这种担当不仅能够赢得同事的尊重和信任，更能提升团队的凝聚力。请记住，职场友谊同样需要担当来维系。

友谊是双向的付出，而不是单方面的索取。一味索取只会让友谊的天平失衡，最终导致关系破裂。担当意味着在享受友情的同时，也要思考如何回馈这份情谊。这种回馈不一定是物质上的，更多的是情感上的支持和理解。正如先哲所说：“没有信任，友谊就无法存在。”

人与人之间的关系，本质上是一种互帮互助的联结。既然能成为朋友，就意味着彼此之间有着共同的价值认同和深厚的情感联系。这种联系需要双方共同维护，并通过持续的双向付出来不断加固。在职场中，我们要学会换位思考，理解他人的需求和处境。例如，同事加班累，我们可以主动关心，帮他买咖啡或分担工作；新同事不熟悉流程，我们可以主动伸出援手，帮助他早日融入。担当不是为了要求回报，而是发自内心的付出和奉献。它体现在细微之处：记得同事的生日，关心同事的健康，倾听同事的烦恼。这些看似平凡的举动，却是维系职场友谊的重要纽带。

同时，真正的担当往往在困难时刻显现。例如，同事因工作失误面临辞退风险时，我们主动站出来帮他们说话，寻找解决方案；朋友因家庭变故陷入困境时，我们坚定站在对方身边，给予实际帮助。这些行为，既体现了我们的担当精神，也能加深我们的友谊。

担当意味着宽容和理解。朋友之间难免会有分歧和误会，这时我们需要的是包容的心态和积极的沟通，耐心倾听，理解对方，通过坦诚交流化解矛盾、维护友谊。担当不是一味迁就，而是在理解的基础上真诚交流、相互支持。“友谊是两颗心真诚相待，而不是一颗心对另一颗心的敲打。”

在这个充满变数的世界里，真挚的友谊是心灵的港湾。让我们用担当来守护友谊，用真诚来浇灌情谊。请记住，友谊不是用来索取的工具，而是需要用付出精心雕琢的艺术品。只有用心经营，用担当来守护，友谊才能历久弥新，成为生命中最美的风景。

大胆爱自己，我配得上世间最好的一切

29岁的林夕站在镜子前，反复擦拭着唇釉，她总觉得这抹正红色太过张扬。同事那句“普通职员涂这么艳是给谁看”的嘲讽仍在耳边回响，她的手指已经伸向了卸妆棉。就在这时，她忽然瞥见窗台上积满灰尘的首饰盒里有奶奶临终前塞给她的珍珠项链。盒内泛黄的纸条上写着：“囡囡要戴着它去见总统。”老太太至死都不知道那串珍珠其实是赝品，却用这句谎言为孙女守住了一份自信与贵气。林夕颤抖着戴上了项链，鲜红的唇色在晨光中显得格外耀眼。那天，她顶着全公司诧异的目光，自信满满地签下了百万订单。客户赞叹道：“我从你的眼里看见了狮子般的勇气和决心。”

从这个故事中，我们不难看出，学会大胆地爱自己能带来意想不到的力量。当林夕因他人的嘲讽而对自己的妆容产生动摇时，是奶奶那份深沉的爱唤醒了她内心的力量。这份源于自我珍视的爱，让她勇敢地展现出真实的自我，不再受外界目光的束缚。

爱自己能赋予我们坚定的信念，这种信念如同坚实的后盾，支撑着我们在面对挑战时勇往直前，不轻易退缩。正如文中的林夕，她凭借内心深

处对自己的认可和自信，成功地拿下了百万订单。同时，爱自己还能让我们散发出独特的魅力，吸引他人的目光并赢得他们的信任。客户从林夕眼中看到的狮子般的果敢和魅力，正是她自爱后所展现出的特质，这也成为她事业成功的关键因素。

大胆爱自己，能让我们打破自我的设限，挖掘出自身潜藏的无限可能。它如同一盏点亮生活的明灯，不仅帮助我们在困境中保持积极的心态，更指引我们迈向充满机遇与美好的未来，让生活因这份自爱而熠熠生辉。

那么，我们该如何爱自己呢?

一、重塑配得感认知，提升自身价值感

历史学家在研究古希腊社会生活时，发现了一个引人深思的现象：即使在相对普通的雅典公民家庭中，也常常拥有绘制着精美神话或生活场景的陶器。这些陶器不仅是实用的器皿，更是家庭引以为傲的装饰品，甚至会在宴请宾客时特意展示。这清晰地表明，对美的追求、对生活品质的重视，以及对自身社会身份（即使是普通公民）的认同感，并非贵族专属，而是渗透在广大平民阶层的日常生活中。由此不难看出，自古以来人们就在努力强调每个人内在的独特光芒。然而，在现代社会中，我们却往往忽视了这份内在的光芒，轻易地将给自己“定价”的权力交予他人，忘记了其实我们每个人都值得拥有生活中的美好与尊贵。

心理学实验也揭示了一些有趣的现象：当参与者使用精美餐具时，味觉敏感度会提升 30%；穿上剪裁精良的衣物时，谈判成功率会增加 45%。这些不是虚荣，而是我们的身体在接收“我被郑重对待”的积极信号。

因此，我们要主动争取给自己“定价”的权力。可以从日常的小事做起，如为自己购置一套精致的餐具。当我们用精美的餐具品尝美食，不再

随意将就时，身体和心灵都会接收到这份积极信号，让我们意识到自己值得被精心呵护。就像居住在上海弄堂里的赵阿姨，她坚持用骨瓷杯泡茉莉花茶，这样的生活细节，其实就是一种仪式感的体现。我们也可以在自己的生活中安排一些具有仪式感的事情，如每周读一本好书，或者每月给自己买一束鲜花，通过这些方式不断强化“我值得拥有美好事物”的信念，从而提升自我价值感。

二、摆脱消费主义陷阱，重建生活联结

爱自己不是盲目追逐奢侈品，而是要重建与万物的神圣联结。面料设计师苏淮，曾经因为买不起大牌包而陷入自卑。然而，一次偶然的机会，她用外婆的蓝染土布做成了手账本封皮。当法国买手开出天价求购时，她才惊觉：那些被自己嫌弃“土气”的纹样，其实是苗寨祖母用山涧靛蓝染就的星河。

如今，在她的工作室墙上挂着一幅《万物价目表》，上面写着：清晨6点的桂花香无价；读完某页书时的怦然心动无价；敢于说“我值得”的瞬间无价。

这告诉我们，爱自己需要我们重新审视身边的事物，发现那些被忽视的美好，珍视生活中的点滴，而不是被消费主义所裹挟。当我们能够从平凡的事物中找到价值，与万物建立起深层的联系时，我们就真正学会了爱自己。

三、建立积极的自我肯定，开启贵气循环

A市有一家特别具有创意的咖啡馆。在那里，顾客可以用“对自己的肯定和赞美”来换取特别的惊喜。比如，大声说一句“我今天工作完成得很出色”，就可能得到一杯特调饮品；真诚地说一句“我接纳自己真实的样子”，也许就

能获得一份精致的甜点；而勇敢地说出“我相信自己值得美好的事物”，则可能收获一份手写的暖心祝福。

据说，常去这家咖啡馆、习惯这样肯定自己的顾客，生活慢慢发生了奇妙的变化。三个月后，有人鼓起勇气转换了职业，从按部就班的岗位走向了充满激情的新领域；一位平时忙于照顾家庭的妈妈，竟然将珍藏心底的诗稿整理出版了；还有一位从事平凡工作的女士，因为分享自己对生活的独特见解，在社交平台上意外收获了诸多关注。

这也印证了心理学家班杜拉的发现：自我效能感能够激发现实中的积极变化。当我们不断地肯定自己，制造这种“贵气循环”时，就会在生活中充满了更多的可能性，自己也会变得更加自信和自爱。

爱自己是一个持续的过程，需要我们在认知、行为和心态等多个方面共同努力。通过重塑配得感、摆脱消费主义陷阱，以及建立积极的自我肯定，我们能够更好地爱自己，让生活充满阳光和温暖，走向更加美好的人生。

当你给泡面加上一个溏心蛋，当你在出租屋里插上一束野花，当你对那件打折大衣说“你跟我走”，当你拒绝酒局选择去夜跑，当你在会议室里勇敢地说出“我认为”——这些时刻，你都在为自己完成一场最庄严的加冕礼。或许我们都曾是沾满泥土的璞玉，经历过生活的风雨洗礼，遭受过言语的刀锋刮擦，也被“比较”的砂纸磨损过。

第六部分

成长之路大胆往前走，坚持就够了

盯准目标大胆前行，无惧他人评说

在这个人际关系紧密交织的社会大网中，我们仿佛置身于一个永不停歇的舆论场，耳边时刻充斥着纷繁复杂的声音：有的如春日暖阳下的和风，带来善意的建议；有的却似寒冬凛冽的北风，裹挟着奚落与嘲讽。每当我们萌生出追逐梦想、尝试新事物的念头时，身旁便会瞬间响起此起彼伏的议论声，它们或是直白地表达看法，或是隐晦地对我们加以评判。

在社会生活中，传统习俗与多元观念的碰撞，常常让我们陷入迷茫。以过年这个阖家团圆的时刻为例：过年本应是充满温馨与欢乐的时光，但对许多适龄者来说，却成了烦恼的集中爆发期。催婚、催生的声音不绝于耳，仿佛一旦到了某个年龄节点，就必须按照既定的模式步入婚姻殿堂，开启育儿生活，否则便是离经叛道。这些来自亲朋好友的“殷切关怀”，如同一座座无形的大山，压得人喘不过气来，让我们在面对人生规划时感到犹豫不决、焦头烂额。

然而，每个人都站在自己独特的人生坐标上，对同一件事的看法与感受千差万别。以职业选择为例，那些在创业浪潮中拼搏成功、赚得盆满钵满的人，往往会认为在体制内工作的年轻人安于现状、过于保守、缺乏进取心；而那些在体制内历经岁月沉淀、晋升到高级职务的前辈，则会语重心长地告诫年轻一代要耐得住寂寞，懂得等待时机、厚积薄发。这两种截然不同的观点，恰恰说明了世间之事本就仁者见仁、智者见智，没有绝对的对错。

当我们把目光聚焦在那些闪耀的成功人士身上时，会发现他们无一不是在嘈杂的外界声音中，坚定地选择了倾听自己内心的声音。

史蒂夫·乔布斯在创立苹果公司时，面临无数质疑与反对。科技行业的巨头们认为他的创新理念过于超前、不切实际，但乔布斯并未被这些声音左右。他坚信自己对未来科技产品的独特构想是正确的，最终用 iPhone 彻底改变了全球通信方式，开启了智能手机的新时代。埃隆·马斯克投身电动汽车和太空探索领域时，也遭受了诸多嘲笑与质疑。有人认为电动汽车续航短、市场前景不明朗，太空探索更是烧钱的“疯狂之举”。然而，马斯克不为所动，大胆前行。如今，特斯拉已成为全球最具价值的汽车品牌之一，太空探索技术公司也在太空探索领域取得了举世瞩目的成就。

那么，面对外界的杂音，我们该如何构建有效的信息筛选机制，坚守自我呢?

一、建立信息价值评估体系

我们可以从以下三个关键维度评估信息的价值：相关性、可靠性和时效性。第一，相关性是指信息与自身目标和所处场景的关联程度。那些紧密围绕核心事务的信息，通常具有更高的价值。第二，可靠性涉及信息来源的可信度。权威渠道、专业人士提供的信息，以及经过实践验证的信息，往往更具可靠性。第三，时效性关注信息是否契合当下的发展态势。在快速变化的环境中，及时更新的信息往往更具指导意义。通过综合考量这三个维度，我们能够对信息的价值做出初步判断。

二、构建分层筛选流程

面对海量信息，我们需要搭建一套有序的分层筛选流程。第一步是快速浏览，以获取信息的大致内容，并排除明显无关或低质量的信息。第二步是深度分析，对留存的信息进行全面且深入的研究，剖析其内在逻辑、证据支撑以及与自身实际情况的契合度。第三步是交叉验证，针对重要信息，寻找多个信息源进行对比验证，确保信息的准确性和可靠性。

三、定期复盘与动态调整

定期回顾信息筛选的过程以及依据筛选结果所做出的决策，总结成功经验，吸取失误教训。根据复盘结果对信息筛选机制进行动态调整，以适应不断变化的外部环境和个人发展需求。随着时间的推移和经验的积累，不断优化信息筛选机制，提高筛选效率和准确性。

所以，亲爱的读者朋友，不要惧怕他人的眼光，大胆地拥抱生活，向着心中的目标全力奔跑，我们终将在自己的人生舞台上绽放出最耀眼的光芒。

大胆提升自我，不为自己找借口

28 岁的设计师小林总是把“报插画课”挂在嘴边，却连续三年在购物车里删除失效的课程链接。每当看到同龄人的作品登上 Behance 网站热门，他就会迅速点开游戏直播，用各种借口安慰自己：“反正现在学也竞争不过科班生”“等换了好电脑再说”。直到有一天，他在合作方公司内遇到了曾被他嘲笑的“业余画手”同事——那位每天午休时画速写、用百元数位板练习的姑娘，正在给客户演示她的作品集。这一幕刺痛了他。

小林的困境，相信很多读者朋友都遇到过。我们心中总有各种各样的梦想，却因为拖延和借口，让这些梦想最终无疾而终。

心理学研究发现，当人类大脑面临挑战时，会本能地出现三种伪装成理性的逃避策略。

一、完美主义陷阱

我们常说“等买齐装备再健身”“等有空闲时间再读书”，这些说辞的本质其实是害怕展现自己笨拙的一面。就像新手厨师总觉得锅具不全就做不出美食，却忘了路边摊只用铁锅也能炒出烟火气。

二、假性归因

我们容易把困境简单归结为一些不可变因素，如“小城市没发展机会”“行业整体不景气”。但实际上，B 站（哔哩哔哩）上有小镇青年凭借跨境电商年入百万，教培行业崩溃后也有人转型做教育博主，从而开辟了新的天地。

三、情绪透支

我们常用“今天心情不好，明天再开始”“被领导骂了，没状态学习”作为借口，这类借口的危险在于把情绪当作行动的阻碍。

了解了这些逃避策略以后，我们该如何破局，不再为自己找借口呢?

一、五分钟启动法，迅速行动打败借口

如今，“等会儿再做”仿佛成了我们的口头禅。此时，不妨试试“五分钟启动法”。当“等会儿再做”的念头在脑海中浮现时，立刻行动起来，并设置倒计时。在最初的五分钟里，只做最简单的部分即可。例如，想要写一篇文章，就先打开文档写下标题；计划健身，就先铺开瑜伽垫。这看似微不足道的五分钟，如同冷车启动需要低速行驶一段距离来预热发动机一样，能够帮助我们的大脑进入工作状态。

完成最初的五分钟后，紧接着进入 25 分钟的“心流保护期”。在这段时间里，果断地关闭手机中的消息提醒，让自己全身心地投入到任务中，避免外界干扰打断我们的专注力。任务完成后，可以用具体成果奖励自己，如吃一块美味的巧克力，或是玩一局喜欢的游戏。这种正向反馈能激励我

们下次采取更积极的行动。

二、借口拆弹三连问，打破自我欺骗

很多时候，我们会不自觉地陷入自我欺骗，用各种借口来逃避责任和挑战。为了破除这种自我欺骗，我们可以运用“借口拆弹三连问”。每当我们想说“因为 ×× 所以做不到”时，就强迫自己完成这三道“灵魂拷问”。

首先，思考这是客观限制，还是主观恐惧。例如，我们常说“没时间健身”，但仔细分析后可能会发现，其实是“害怕在健身房被嘲笑”，这种主观恐惧才是我们真正的阻碍。接着，问问自己如果做不到，会失去哪些具体利益。还是以健身为例，如果不健身，几年后可能患上脂肪肝，没有良好的身体素质，职业发展可能也会受阻。明确后果，能让我们更清醒地认识到不行动的代价。最后，思考此刻能做的 10% 的改善是什么。例如，跟着视频做 15 分钟的居家训练，或者把乘坐电梯换成爬楼梯。通过这样的三连问，我们能更清晰地认识自己，找到解决问题的突破口，不再被借口蒙蔽双眼。

三、建立“反脆弱”支持系统，强化行动决心

一个强大的支持系统能够在我们面对困难时，坚定我们行动的决心，让我们不再轻易找借口退缩。我们可以从物理层面、人际层面和数据层面三个方面构建“反脆弱”支持系统。

在物理层面，我们可以在经常触摸手机的地方贴上便利贴，写上“刷完这条能加薪吗?”这样的提醒，时刻告诫自己不要在无意义的事情上浪费时间，让注意力回到真正重要的事情上来。

在人际层面，我们可以加入“不找借口”契约小组。小组成员每人预存一定金额，如 500 元，每次找借口就进行扣款。这种经济约束的方式，能

在我们想要找借口时，给我们施加压力，促使我们更加自律。同时，在小组里，大家可以互相监督、互相鼓励，共同进步。

在数据层面，我们可以利用Excel记录“借口—后果—行动”的链条。例如，×月×日因为“下雨不去面试”，结果失去了某公司的复试机会，次日便只得再投递五份简历。通过这样的记录，我们能直观地看到借口带来的后果，以及后续被迫采取的行动，帮助我们不断反思和改进，逐渐养成不再找借口的习惯。

詹姆斯·克利尔在《掌控习惯：如何养成好习惯并戒掉坏习惯》一书中写道：“初犯不会毁了你，真正要命的是随之而来的不断重复的错误。错过一次是意外，错过两次是一种新习惯的开始。”每一个看似合理的“借口”，都在悄然改变我们的大脑回路。

所以，亲爱的朋友，人生最大的遗憾从不是“我失败了”，而是“我本可以”。此刻，放下手机起身倒杯水的动作，就是向世界宣告——这一次，我选择做拆穿借口的人，而不是被借口驯服的人。

对人对事一诺千金，大胆行动拒绝拖延

凌晨三点，写字楼里一片寂静，营销主管周扬瘫坐在工位上，面前是堆积如山的文件。三天前，他信誓旦旦地向客户承诺“周五下班前交付全案”，却在最后一天发现核心数据还未核对完毕。此刻，客户的语音消息一条接一条地发来:“周经理，这就是你们公司的专业水准?”他回想起半年前同样的场景——那次因为拖延，团队失去了年度大单，他在晨会上红着眼眶发誓“绝不再犯”。咖啡杯底凝结的褐色残渣，仿佛是他一次次拖延和失信的无声见证。

拖延是隐性的敌人。例如，拖延回复重要邮件，可能导致客户误解，错过合作机会；生活中总说“明天开始健身”，结果身体越来越差。拖延看似只是推迟行动，实则浪费时间、透支机会，最终让目标变得遥不可及。

那么，我们要如何对抗拖延症呢?

一、承诺分级制，对外筑牢防御线

承诺分级制是一种有效的对抗拖延的方法。我们可以根据承诺事项的重要程度和影响范围，将其分为不同等级，并采取相应的应对措施。

（一）红牌承诺

这类承诺关乎他人的重大利益，如项目节点、约定汇款等。为确保按时完成，应提前 72 小时设置三级预警机制。例如，在截止日期前三天完成 80% 的工作，前一天进行彩排预演，当天早上 8 点准时交付成果。通过这种方式，我们可以保障关键任务顺利推进，避免因拖延给他人带来重大损失。

（二）黄牌承诺

主要针对日常协作事务，如会议纪要、文件转交等。此时可以采用“两分钟法则”，即：收到需求后如果能在两分钟内完成，就立即处理；如果预计处理时间会超时，则将其加入待办清单并置顶，提醒自己及时完成，确保日常工作的顺利进行。

（三）绿牌承诺

涉及自我提升计划，如健身、阅读等。为了增强执行力，我们可以将计划转化为可量化的“信用积分”。每完成一次，就给自己加上 10 分，这些积分可以用来兑换购物津贴或者娱乐时间。通过这种奖励机制，我们可以激励自己坚持进行自我提升。

二、拖延成本可视化，对内注入清醒剂

制作“失信损益表”是让拖延成本可视化的有效方法。每次拖延后，认真填写这张表，清晰记录因拖延带来的经济损失、关系损伤以及机会成本。例如，推迟提交方案可能导致奖金扣减 2000 元，客户信任度下降 30%，还可能错失一次带队机会；爽约健身不仅浪费 400 元私教课费用，

还会降低自我评价，甚至导致体检指标恶化。当我们直观地看到拖延所付出的高昂代价时，内心会受到触动，从而在下次面对任务时更有动力去克服拖延。

三、建立“诺言资产”账户，守护信用

我们可以通过建立“诺言资产”账户，运用经济手段加强承诺的履行。

（一）存入行动

每完成一项承诺，就向这个特定账户存入 10 元。年底时，这笔钱可以作为努力完成任务的物质回馈，从而激励自己不断完成更多的承诺。

（二）支取额度

一旦违约，就需要双倍扣款，扣除的违约金将用于公益捐赠。这种惩罚机制让我们在想要拖延时有所顾忌，因为违约不仅会造成经济损失，还会涉及公益层面，从而促使我们更加重视自己的承诺。

（三）信用评级

每月末根据履约率生成星级评价。达到高星级后可以解锁进阶奖励，如额外的奖金、优先选择项目的权利等，从而进一步激励自己提高履约率。

四、用语言倒逼自己行动

我们可以把模糊的承诺具象化。例如，不要再说“改天请你吃饭”，而是明确为“本周三中午 12 点，楼下面馆见面”；将“抽空学 Excel”明确为“今晚 8：00 ～ 9：00，上三节函数课”。通过明确时间和具体行动内容，我们可以让承诺更具可操作性，从而提高完成的可能性。

同时，我们还可以给重要承诺加上“双保险”。例如，向同事宣布“周五下班前交报告”，同时在家人群里发 500 元红包，并声明“若未完成则不用退还”，借助外界监督和经济压力促使自己按时完成任务。另外，采用“地点绑定法”，利用特定环境营造专注氛围，提高执行效率。例如，只在图书馆处理学术任务，只在咖啡馆撰写创意方案等。

我们还可以像上市公司披露财报一样，每季度发布一份《个人信用白皮书》，内容包括承诺履约率、时间误差值（即实际完成时间与计划时间的差值）以及信用修复记录（用于说明如何弥补过往失信行为）。通过这种方式，我们可以将个人信用透明化，让自己接受他人的监督，并为自己的行为负责，从而更加坚定地完成自己的承诺。

对抗拖延并非一蹴而就，但通过上述策略，我们可以逐步培养良好的习惯，增强执行力，从而从拖延的泥沼中挣脱出来，成为真正的行动派，在生活和工作中收获更多的成功与满足。

遇困难绝不退缩，勇敢行动巧克服

在生活的漫漫长路上，困难如同密布的荆棘，阻碍着我们前行的脚步。但真正决定我们人生高度的，并不是困难本身，而是我们面对困难时的态度和所采取的行动。那些在困境中毅然前行、积极寻找解决方法的人，终将跨越重重阻碍，收获成功的果实。

在我们的日常生活中有一种“隧道现象”：人在压力下会收缩视野，只盯着眼前的区域。就像被狼追赶的鹿总会撞上树，并不是因为树太密，而是因为鹿忘了抬头寻找别的路径。打破困局的关键，在于将“怎么办”的焦虑，转变为“还能怎么利用”的探索模式。

那么，面对困难，我们该如何巧妙地进行拆解呢？

一、将危机具象化

当我们面对抽象的危机时，大脑往往会陷入混乱，不知从何下手。神经科学研究表明，将抽象的危机转化为具体形象，能够激活大脑“解决问题”的原始本能。例如，北京胡同里一家咖啡馆的老板，在面临倒闭危机时，在账本背面画了一头吞钱的怪兽，把房租暴涨、网红店竞争、员工流失等问题分别具象化为怪兽的触角、利爪和尾巴。当他看到怪兽肚皮上的“产品同质化”时，立刻推出了“盲盒咖啡＋老北京故事卡”的新模式，成功实现了自救。这种将问题具象化的方法，使我们能够清晰地看到问题的本质，从而有针对性地寻找解决办法。

二、向对手借力

在困境中，我们常常将对手视为敌人，试图与之抗衡。然而，真正的破局高手懂得将对手的力量转化为自己的优势。在葡萄种植中，贵腐菌可引发灰霉病，导致葡萄腐烂。但在特定的气候条件下（如清晨雾气、午后阳光干燥），贵腐菌又可以使葡萄脱水浓缩，糖分和风味物质高度集中。匈牙利托卡伊、法国波尔多苏玳和德国莱茵高等地的酿酒师们，就巧妙地利用了这个“对手”。他们让贵腐菌适度侵蚀葡萄，用这种看似“受损”的葡萄酿造的贵腐酒（如托卡伊阿苏、苏玳甜酒等），风味独特、甜美醇厚，成为世界上最珍贵、价格最高的葡萄酒种类之一，价值远超普通葡萄酒几十倍甚至上百倍。这告诉我们，困境中隐藏着机遇，只要我们善于发现和转化，就能把看似不利的“对手”之力，变成通向成功的独特阶梯。

三、设定必须执行的任务

很多时候，我们因为害怕失败或准备不充分而迟迟不敢行动。但实际上，只有行动起来，才能找到解决问题的方法。程序员李峰一直想转型进入 AI 领域，但他总是被“等学完数学再开始”的想法束缚。为了打破这个僵局，他在 GitHub 上创建了一个“每日一模型”项目，规定自己每天必须上传至少一行代码。这种承诺迫使他不断创新，最终发明出了“用小学算术理解神经网络”的独特方法。而他开发的农业 AI 检测模型，也在云南的万亩梯田中发挥了重要作用。这表明，当我们给自己设定一个必须执行的任务时，就能激发出自己的创新潜力，克服起步困难。

在人生的道路上，困难是不可避免的，但我们可以选择如何去面对它们。真正的强者，是在困境中依然能保持冷静、勇敢行动、善于寻找解决方法的人。当台风席卷果园，有人因绝收而哭诉，有人却忙着捡拾断枝制作根雕；当行业寒冬降临，有人缩在工位上抱怨不停，有人却通过分析裁员名单推算出下一个风口所在。让我们成为那个把绊脚石雕琢成垫脚石的手艺人，在困境中寻找破茧重生的秘诀，勇敢地向着成功的彼岸前行。

请记住，那些杀不死你的，终将成为你前行的指南针。下次困局来袭时，不妨凑近些细看，那狰狞的表象之下，或许正闪烁着破茧重生、转危为机的光芒。

第七部分

如何克服羞涩，锻造勇敢心态

把脸皮“磨厚”：从怕出丑到无所谓

在社交媒体盛行的当下，我们仿佛生活在他人的目光之下。为了塑造完美形象，我们战战兢兢，唯恐稍有不慎便沦为他人茶余饭后的谈资。朋友圈里展示的照片经过精心挑选与修饰，微博上的言论更是三思而后发，甚至连点赞都要反复斟酌。这种对“出丑”的恐惧，如同一道无形的枷锁，不仅束缚着我们的言行举止，更极大地限制了生命的无限可能。

追溯这种恐惧的源头，我们会发现它深植于人类漫长的进化史中。在原始社会，被群体排斥往往意味着死亡的威胁。部落中的每位成员都必须小心翼翼地维护自己的形象，因为一次不当的言行就可能导致被逐出群体，而在那个充满危险的原始环境中，这无异于被判处死刑。这种对被排斥的恐惧，早已深深烙印在人类的基因之中。然而，现代社会早已今非昔比，一次出丑并不会带来生存上的直接威胁，但我们的大脑似乎还停留在原始时代，对“社会性死亡”保持着过度的警惕。

反观那些活得洒脱的人，我们会发现他们都有一个共同点：不过分在意他人的眼光。他们敢于坦诚地表达自己的想法，勇于尝试新事物，即使出丑也能一笑而过。这种态度不是与生俱来的，而是后天培养的结果。就像肌肉需要锻炼一样，心理承受力也需要不断磨炼。

培养“厚脸皮”的关键，在于正确看待“出丑”。每一次出丑，其实都是一次学习的机会，都是突破舒适区的勇敢尝试。当众发言时声音颤抖？那意味着你正在挑战自我。尝试新事物时闹了笑话？那证明你正在拓宽生命的视野。将注意力从“别人会怎么看我”转移到“我能从中学到什么”，恐惧感就会慢慢减弱。就像学习骑自行车，摔倒并不是失败，而是掌握平衡的必经过程。当我们能够坦然面对可能的出丑，不再被恐惧所困，那时就能真正活出生命的精彩。

以下是几个更深入的方法，帮助我们实现从害怕出丑到坦然面对的蜕变。

一、学会与“内在批评家”对话

每个人的内心都有一个严厉的批评者，他总在我们准备尝试新事物时跳出来，用各种负面的设想试图吓退我们。这个声音可能源自童年时期父母的责备，或是成长过程中遭遇的挫折经历。要克服这种内在批评，我们需要有意识地识别他的存在，并学会与之辩论。当那个声音说“你会搞砸的”时，我们可以回应：“那又怎样？至少我尝试了。”通过这种积极的自我对话，我们能够逐渐削弱内在批评家的影响力，建立起更为健康的自我认知。

二、培养“旁观者视角”

当我们过分在意他人的看法时，往往会陷入一种以自我为中心的状态，认为所有的人都在关注我们的一举一动。这种心理现象被称为“聚光灯效应”。要打破这种错觉，我们需要学会从旁观者的角度看待自己。可以尝试在脑海中想象自己是一位旁观者，观察自己在社交场合中的表现。我们会发现，其实别人并没有我们想象中那么关注自己。这种认知的转变能大大减轻社交压力，让我们更自在地展现真实的自我。

三、建立“失败档案”

很多人害怕出丑，是因为他们把失败看得太重。实际上，每个成功人士的背后都有许多失败的经历。我们不妨建立一个专门的“失败档案”，记录下每一次出丑或失败的经历，并详细分析从中获得的教训。随着时间的推移，我们会发现，这个档案并不是耻辱的象征，而是成长的见证。每当面对新的挑战时，翻阅这个档案，我们就会发现曾经的失败都变成了宝贵的经验。这种认识将能极大地增强我们的心理韧性。

四、练习“刻意尴尬”

这是一个反直觉却极其有效的方法。刻意让自己置身于一些轻微尴尬的情境中，如在公共场合大声唱歌，或者在咖啡馆里与服务员进行略显夸张的对话。这种练习的目的不是真的要让自己出丑，而是让自己逐渐适应尴尬的感觉。从这些练习中，我们会发现，即使真的遇到了尴尬的事情，也不会是世界末日。这种“免疫疗法”能够显著提高我们对尴尬的承受能力。

五、融入“成长型社交圈”

环境对人的影响是巨大的。如果周围的人都谨小慎微，过分在意他人看法，那么我们自己也很难练就“厚脸皮”。相反，如果我们主动结交那些活得洒脱、敢于尝试的人，他们的态度就会潜移默化地影响我们。因此，加入一些鼓励创新、包容失败的社群，参与一些需要公开表达和交流的活动，都能帮助我们更快地突破心理障碍。

培养“厚脸皮”并非一朝一夕的事，它需要我们持续地挑战自我，不断地突破舒适区。当我们能够坦然面对可能的出丑，不再被恐惧束缚，才能真正绽放生命的光彩。请记住，真正的自由不是永远不会出丑，而是即使出丑也能坦然面对，继续前行。

自我暗示有力量，每天告诉自己“我能行”

自我暗示是一种极为强大的心理工具，它通过有意识地引导我们的思维，进而影响我们的情绪和行为。法国心理学家埃米尔·库埃最早对这一心理现象进行了系统研究。埃米尔·库埃发现，重复积极的自我暗示可以改变人的心理状态和行为模式。自我暗示的力量之所以强大，是因为它能直接影响我们的潜意识，重塑我们的认知框架和行为习惯。

自我暗示其实并不复杂，简单来说就是自己给自己加油打气，就像运动员上场前会握拳高喊“加油”一样。我们平时也可以用类似的方法为自己鼓劲。这种方法十分有效，因为它能帮我们赶走那些“我不行”的消极想法，让大脑相信我们确实有能力做到。

从神经科学的角度来看，自我暗示能够激活大脑的奖励系统，促进多巴胺的分泌。当我们反复进行积极的自我暗示时，大脑会逐渐建立起新的神经连接，从而形成积极的思维模式。

因此，早晨醒来时，不妨试着对着镜子微笑，并对自己说三遍：“今天会是美好的一天。”这个方法听起来或许有些傻气，但它真的能让一天的心情变得更好。这就像给手机充电一样，是在给自己补充正能量，为新的一天做好准备。

生活中难免会遇到各种困难，这时我们可以尝试使用压力应对法。深呼吸，然后告诉自己："我可以搞定。"这就像在游戏中给自己加了一个增益效果，能让我们更勇敢地面对挑战。请记住，困难就像游戏里的关卡，每通过一关，我们就会变得更强大。

晚上睡觉前，花点时间回顾一天中做得好的事情，然后对自己说："我今天做得不错。"这个方法不仅能帮助我们建立自信，还能让我们睡得更香甜，就像为这一天画上一个圆满的句号，带着满足感进入梦乡。

在家里或办公室，可以尝试视觉提醒法。把鼓励自己的话写在便利贴上，贴在经常能看到的地方。例如，在书桌贴上"我能专心学习"，在冰箱门贴上"我能管住嘴"。这些小小的提醒就像路标一样，指引我们朝着目标不断前进。

运动时，轻声默念："我能坚持。"这个方法真的很神奇，当我们尝试后会发现，自己真的能多跑一圈或多做一个俯卧撑。就像有个私人教练在旁边给我们加油打气，帮助我们突破自己的极限。

在做重要的事情之前，如考试或面试，我们可以闭上眼睛，想象自己成功的样子，然后对自己说："我一定能行。"这个方法就像一场成功的彩排，能显著增强我们的信心。请记住，大脑有时分不清想象和现实，所以积极的想象往往能带来积极的结果。

如果觉得自己状态不好，我们就反复对自己说："我正在变得更好。"状态就像天气，有晴有雨，但只要我们保持积极的心态，就一定能迎来阳光灿烂的日子。

这些方法其实很简单，但关键在于坚持不懈。从今天开始，不妨把这些方法融入日常生活，你会发现自己的心态逐渐变得积极，生活也会因此变得更加美好。

需要注意的是，实施有效的自我暗示需要遵循科学的方法。

明确性：自我暗示的内容必须具体而明确。比如，不说“我会更好”，而要说“我能在会议上自信地发言”。

现在时态：使用现在时进行暗示。比如，说“我正在变得越来越自信”，而不是说“我将会变得自信”。

情感投入：进行自我暗示时，要投入真实的情感，想象目标实现时的感受。

重复性：每天至少进行两次自我暗示练习，每次 5 ～ 10 分钟。

环境选择：在放松、安静的环境中进行自我暗示，可以配合深呼吸或冥想。

可视化：在暗示的同时，想象目标实现的场景，调动多重感官体验。

渐进式：从小的、可实现的目标开始，逐步建立信心。

记录反馈：记录自我暗示后的感受和变化，建立正向反馈循环。

自我暗示不是简单的自我欺骗，而是一种科学的心理调适技巧。通过系统的练习，我们能够重塑思维模式，增强自信心，并提升应对各种挑战的能力。当我们学会正确运用自我暗示的力量时，就能突破心理障碍，实现自我超越。

多参与户外活动，在大自然中释放天性，增强自信

在这个被钢筋混凝土包围的时代，我们越来越习惯于室内生活，与大自然的距离越来越远。然而，大自然始终是人类最好的心理疗愈师，它能够治愈现代生活带来的焦虑和压力，帮我们重新找回自信和活力。

当我们身处大自然之中时，身体和心理都会发生奇妙的变化。阳光可以促进维生素 D 的吸收，能够提振我们的精神，清新的空气能净化我们的肺部，而开阔的视野则能够舒展我们的心胸。经常参与户外活动的人，其身体素质较高，抗压能力、自信心水平也较高。

户外活动之所以能够增强自信，是因为它为我们提供了一个相对安全的环境去挑战自我。无论是攀岩、徒步还是露营，这些活动都要求我们走出舒适区，勇敢面对未知的挑战。当我们成功克服这些困难时，自信心就会得到极大的提升。例如，一个平时在办公室里畏首畏尾的人，当他成功登顶一座山峰后，会发现自己其实比想象中强大得多。

参与户外活动还能培养我们的适应能力和问题解决能力。在大自然中，我们时常会遇到各种突发状况，如天气骤变、路线改变等。这些情况迫使我们迅速做出决策、灵活应对。这种能力的提升会潜移默化地影响我

们的日常生活，使我们在面对工作和生活中的挑战时更加从容不迫、自信满满。

要充分利用户外活动来增强自信，可以尝试以下方法。

逐步进阶：从简单的活动开始，如公园散步或郊游，然后逐步增加难度。

设定目标：设定具体的目标，如每周至少进行一次户外活动，每月尝试一项新的户外运动。

加入团体：加入户外活动团体，在集体活动中学习他人的经验，同时获得支持和鼓励。

独自尝试：尝试独自进行一些低风险的户外活动，以培养独立性和自信心。

心态迁移：将户外活动中学到的技能和心态应用到日常生活中，如用登山时的坚持精神来面对工作挑战。

反思成长：定期反思和总结自己在户外活动中的成长和变化。

大自然是最好的心理治疗师，户外活动则是培养自信最自然的方式。当我们重新与自然建立联系时，不仅能释放被压抑的天性，还能在挑战自我、克服困难的过程中，重新认识到自己的潜力，从而建立起真正的自信。让我们走出房间，拥抱自然，在广阔的天地间找回那个充满活力和自信的自己。

寻找勇敢榜样，学习身边人的成功经验

观察那些成功人士，我们不难发现，他们往往都有自己的榜样。这些榜样就像黑夜中的灯塔，不仅能为我们指引前行的方向，而且能给予我们勇往直前的勇气。这些榜样可能是历史上的伟人，也可能是身边的普通人，但都有一个共同点：能够激励我们突破自我，勇敢地追寻梦想。

那么，我们该如何寻找那些能够激发我们勇气的榜样呢?

一、寻找榜样

寻找榜样，首先要明确自己需要哪种勇气。是面对失败时的坚韧不拔，是挑战权威时的果断勇敢，还是坚持理想时的执着? 不妨闭上眼睛，想象一下自己最需要勇气的那些瞬间：是在公众场合发言时紧张不安的时刻，是在创业路上面对艰难抉择犹豫不决的时刻，还是面对不公需要挺身而出的时刻? 列出这些场景，然后去寻找那些在这些方面展现出非凡勇气的人。

二、观察榜样的展现方式

观察榜样的方式多种多样。对于历史人物，我们可以通过阅读他们的

传记，了解他们如何在关键时刻展现勇气；对于当代名人，我们可以通过观看他们的采访视频，观察他们如何面对质疑和挑战；而对于身边的榜样，最好的方式就是近距离观察他们的言行举止。注意他们在压力下如何保持镇定，在困境中如何寻找出路，在失败后如何重新站起来。请记住，观察的重点在于他们展现勇气的具体方式。

三、建立榜样档案

建立“勇敢榜样档案”是系统化学习榜样勇气的好方法。为每位潜在的榜样建立一个档案，重点记录他们展现勇气的关键时刻。例如，记录某位企业家如何在濒临破产时力挽狂澜，某位运动员如何带伤完成比赛，某位艺术家如何坚持自己的创作风格。这些具体细节将成为我们在面对困难时的强大精神支柱和行动指南。

四、深度探究榜样的勇气来源

深度研究榜样的勇气来源至关重要。我们可以通过阅读他们的传记、观看采访视频等方式，了解、分析他们的决策过程。试着思考这些问题：他们的勇气从何而来，他们是如何克服恐惧的，以及他们在压力下如何保持信念。这种深度研究能帮助我们理解勇气的本质，而不是仅仅停留在表面的勇敢行为上。

五、与榜样建立联系

与勇敢的榜样建立联系是另一个重要的步骤。我们可以在社交媒体上关注他们，参加他们的讲座或签售会，甚至尝试通过邮件或社交平台与他们交流。虽然不一定能得到回复，但这个过程本身就能加深你对他们的了解。对于身边的榜样，我们可以主动去请教，邀请他们分享面对恐惧时的经验，大多数人会乐于分享自己的故事。

六、实践如何培养勇气

实践是锻造勇气的最好方式。将学到的经验付诸行动，并记录下实践的过程和结果。例如，如果我们欣赏某位演讲者克服怯场的方法，不妨在小型聚会上主动发言；如果我们佩服某位创业者面对失败的态度，就可以在自己的项目中大胆尝试新想法。不断的尝试和调整可以帮助我们找到最适合自己的培养勇气的方式。

七、定期反思，优化榜样选择

定期反思和调整自己的勇敢榜样同样重要。随着我们的成长和发展，所需要的勇气类型也在不断发生改变。因此，每季度不妨花些时间回顾一下：哪些榜样的勇气故事对我们帮助最大？哪些经验最为实用？是否需要寻找新的榜样来激励自己？这种持续的优化能确保我们始终在正确的道路上前进。

同时，我们也要学会从失败中汲取勇气。研究那些曾经勇敢尝试但最终失败的人，分析他们面对失败时的态度和行为，往往能让我们获得面对挫折的勇气和力量。这种反向思考的方式能帮助我们更全面地理解勇气的价值，并学会在逆境中坚持和前行。

请记住，寻找勇敢榜样的最终目的是激发自己内心的勇气，而不是仅仅模仿别人的勇敢行为。在学习和借鉴的过程中，我们要保持独立思考，将榜样的勇气精神与自己的实际情况相结合。只有这样，我们才能真正从榜样身上汲取力量，在面对挑战时展现出属于自己的勇气。让我们在榜样的指引下，勇敢地追逐自己的梦想！